하버드 스탠퍼드
생각수업

하버드
스탠퍼드
생각수업

가노 미키 지음 | 이정미 옮김

samho MEDIA

뉴노멀 시대, AI도 로봇도 대체할 수 없는
인간의 힘은 어디에서 오는가?

우선 아래의 순위를 살펴봅시다.

미래에 필요한 역량 10가지

[2020년]

1 **복잡한 문제 해결 능력** Complex Problem Solving

2 **비판적 사고** Critical Thinking

3 **창조력** Creativity

4 **인적 자원 관리** People Management

5 **대인관계 능력** Coordinating with Others

6 **감성 지능** Emotional Intelligence

7 **판단 및 의사결정 능력** Judgement and Decision Making

8 **방향 설정 능력** Service Orientation

9 **협상력** Negotiation

10 **융통성(인지적 유연성)** Cognitive Flexibility

(Future of Jobs Report, World Economic Forum)

[2015년]

1 복잡한 문제 해결 능력

2 대인 관계 능력

3 인적 자원 관리

4 비판적 사고

5 교섭 능력

6 품질 관리

7 방향 설정 능력

8 판단 및 의사결정 능력

9 적극적 경청

10 창조력

매년 스위스 다보스에서 개최되어 '다보스 포럼'으로 알려진 세계 경제 포럼(WEF)이 예측한 바 있는 〈2015년과 2020년에 필요해질 역량〉 1위에서부터 10위까지의 순위입니다. 1위는 모두 복잡한 문제 해결 능력이지만 그 외에는 상당한 변화가 있습니다. 2020년에 2위인 비판적 사고는 2015년에는 4위였고, 3위인 창조력은 10위에서 급상승했습니다. 그리고 감성 지능(자신과 타인의 감정을 지각하고 자신의 감정을 조절하는 능력) 융통성(인지적 유연성)은 2015년에는 10위 안에 없었습니다.

1위인 복잡한 문제 해결 능력에서는 '복잡한'이 핵심입니다. 문제 해결 능력의 중요성은 너무도 당연하며, 기술 혁신, 업계 재편, 사회 환경 변화 등 세상은 점점 더 복잡해지고 문제는 더 다양화될 것입니다.

복잡한 문제 해결을 위해서는 융통성과 창조력도 중요합니다. 문제의 본질이 무엇인지, 이 문제는 다른 어떤 문제와 연결되어 있는지에 대해 유연한 인식 능력이 없으면 문제를 해결할 수 없습니다. 급격하게 변화하는 사회에서는 새로운 해결책, 재화와 서비스, 사고방식을 창출하는 창조력이 필요합니다. 유연한 관점과 창조력에 관해서는 이 책의 1장 이후에서 자세히 설명할 것입니다. 특히 창조력은 2021년부터 PISA(OECD의 국제 학업성취도 평가)의 평가 기준에 도입될 예정이므로 앞으로 더욱 주목받을 듯합니다.

2위인 비판적 사고는 서구에서는 읽기, 쓰기, 계산에 이은 제4의 능력'이라고도 하며, 그야말로 이 책의 기본이 되는 키워드입니다. 비판적 사고의 목적은 자신의 머리로 깊이 생각해서 나름대로 답을 도출하는 데 있으며, 논리와 상상력이 결합된 사고 방법이기도 합니다. 논리정연하게 생각하고 상상력을 발휘해 더 깊이 생각하며 자신만의 답을 제시하기. 이것이 바로 새로운 시대에 요구되는 능력이라고 볼 수 있습니다.

그렇다면 미래에 필요한 능력의 중요도가 5년 사이에 이렇게 달라진 이유는 무엇일까요? 그 배경에는 AI(인공지능)가 있습니다.

사람과 대화할 수 있는 음성 어시스턴트와 로봇청소기 등 우리 주변에는 이미 다양한 AI가 등장했습니다. 기술이 더욱 발전하면 가까운 미래에 AI가 산업계에 본격적으로 도입될 것입니다. AI가 언젠가 인간의 일자리 중 절반을 빼앗을 것이라는 주장도 있습니다.

AI의 존재가 당연해진 환경에서 인간은 무엇을 할 수 있을까요? AI와 차별화되는 〈인간만이 할 수 있는 일은 무엇인가: 미래에 필요한 역량 10가지〉는 이 질문에 대한 대답으로 제시되었습니다.

이 순위는 인간이기에 가능한 능력 1~10위와 같은 것입니다. 마치 인간으로서의 의지를 보여주자는 결의가 느껴진다고 할까요? 6위로 새롭게 등장한 감성 지능이 특히 그 증거라고 볼 수 있습니다.

인간으로서 '나만이 할 수 있는 일'은 무엇인가

그렇다면 앞으로 우리는 어떤 능력을 익혀야 할까요?

결론부터 말하면 '인간으로서의' 능력 향상, 그리고 '나만 이' 할 수 있는 일을 찾는 것이 아주 중요합니다. 기계가 잘 하는 일은 기계에 맡기고, 인간은 인간이 잘하는 일에 전 념하는 것입니다. 그러지 않으면 정말로 일자리를 빼앗기 게 됩니다. 또한 다른 사람들이 쉽게 흉내 낼 수 있는 능력 에 집착하지 말아야 합니다. 다른 사람이 쉽게 따라 할 수 있는 일은 AI도 흉내 낼 수 있기 때문입니다.

예전에 '컴퓨터가 대체하기 쉬운 일은 무엇인가?'라는 연 구가 화제가 된 적이 있습니다. 연구 대상이 된 702종의 직업 중에서 대체 가능성이 가장 큰 것 중 하나가 텔레마

케터였습니다.*

　사실 매뉴얼을 따라 전화로 이야기하는 일은 다른 사람이나 AI가 대체하기 쉽습니다. 하지만 고객이 '이 사람이 파는 물건이라면 사고 싶다.'라고 생각하게 만들 수 있다면, 설령 텔레마케터라는 일자리를 잃어도 그 능력을 다른 곳에 활용할 수 있을 것입니다. 그러므로 자신만이 창출할 수 있는 가치가 무엇인지, 어떻게 하면 창출할 수 있는지 깊이 생각해 볼 필요가 있습니다.

　개인의 능력을 우선시하고 경쟁을 부추기는 우리 사회에서는 모든 문제에는 반드시 정답이 있다는 소위 정답주의를 중시하는 경향이 있었습니다. 학교뿐만이 아니라 사회생활에서도 모범 답안이 있을 것이라고 믿으며 그 답안지에 있을 정답을 찾아내는 게 좋다고 여겨 왔습니다. 다시 말해 남들과 똑같은 답을 제시하는 사람이 우수하다고 생각한 것입니다.

그러나 시대가 달라졌습니다. 남들과 똑같은 답을 제시하는 일은 AI에 대체되고, 무엇으로도 대체할 수 없는 자신만의 답을 제시하는 사람이 우수한 사람으로 평가받는 시대가 눈앞에 다가왔습니다.

이 책은 자신만의 답을 제시하는 '생각하는 힘'을 훈련하기 위한 것입니다. 저는 오랫동안 대학교 등에서 비판적 사고를 가르치며 '어떻게 하면 학생들이 자신만의 답을 제시할 수 있을까?' 하는 문제와 씨름해 왔습니다.

그동안 학교에서는 '생각하기'에 대해 거의 가르치지 않아 왔기 때문에, 어떻게 하면 생각하는 법을 효과적으로 가르칠 수 있을지 온갖 자료들을 보면서 고민을 거듭했습니다. 그때 만난 것이 바로 하버드대학교의 교육 프로젝트와 스탠퍼드대학교의 창조력 수업이었습니다. 생각하는 일을 즐기면서도 그 능력을 높일 방법으로 이렇게 멋진 지도법이 있다는 사실에 매우 놀랐습니다.

이 책에서 소개하는 '생각하는 힘 훈련'은 이러한 외국 유명 대학에서 사용해온 방법과 미국 고등학교에서도 널리 가르치는 비판적 사고를 바탕으로 하고 있으며, 모두 제가 실제 수업에서 그 효과를 실감한 훈련들입니다.

여기에는 이상한 문제들도 많이 나옵니다. 다른 사람이나 AI가 흉내 낼 수 없는 자신만의 독창적인 사고력을 연마하기 위해서는 평범한 일을 평범한 방식으로 생각해서는 안 됩니다. 자신의 내면에 있는 독특한 사고방식을 일깨우기 위해서는 이상한 문제가 필수입니다.

저는 AI 전문가가 아니기에 앞으로 인간이 어디까지 일자리를 빼앗기게 될지는 알 수 없습니다. 하지만 단 한 가지, 확실하게 말할 수 있는 게 있습니다. 지금의 이 상황은 둘도 없는 기회라는 것입니다.

지금까지 우리는 인간의 존재 의의를 이렇게나 뒤흔드는 경우를 겪어본 적이 없었습니다. 소가 밭을 아무리 척 척 같아도 '이러다가 소에게 일자리를 빼앗기겠어! 소에게 밀려나지 않도록 어떻게든 해야지.' 하고 진지하게 고민하는 사람은 아마도 없었을 것입니다.

그러나 오늘날은 많은 사람이 AI에게 위협을 느끼고 있습니다. 바꿔 말하면 지금이야말로 인간이 무엇을 할 수 있는지 생각하고, 자신만이 할 수 있는 일을 모색하면서 인간으로서의 능력과 가치를 높이는 데 주의를 기울일 때입니다. 모처럼 얻은 기회를 낭비할 수는 없습니다. 새로운 시대에 대비해 능력을 연마하고 자신만의 독창적인 가치를 만들어 봅시다.

가노 미키

※ Carl Benedikt Frey and Michael A. Osborne, "The Future of Employment: How Susceptible Are Jobs to Computerisation?" (2013)

CONTENTS

들어가는 글 · 4
훈련을 시작하기 전 주의사항 · 20

INTRO 워밍업

논리적 사고의 기본을 묻는 문제 · 22

Q A역 앞 편의점에 붙어 있는 <오늘은 포인트 두 배>라는
안내문에서 알 수 있는 것은?

자신의 논리력을 확인해 보사 · 24

[문제] '미키마우스는 인기가 있다.'는 사실인가, 의견인가 · 28
논리의 세계와 현실의 세계 · 30
[문제] 〈오늘은 포인트 두 배〉라는 안내문이 없다면 무슨 일일까? · 31

PART 1 스스로 답을 찾아내는 생각하기의 기본

생각하는 힘의 근본을 연마하는 문제 · 38

Q 마그리트의 그림을 보고 문제에 답해 보자

'생각하는 일'은 관찰하는 데에서 시작된다 · 40

이해할 수 없는 것을 의문으로 바꾸는 연습 · 47
'원래 그런 것'을 의심하면 자신만의 관점이 생긴다 · 49
[문제] 왜 영어를 배워야 하는지 근거를 생각해 보자 · 51

PART 2 문제의 규칙을 찾아낸다

규칙을 찾아내는 문제 · 62

Q 줄넘기, 도시락, 아르바이트의 배경에는 무엇이 있는가?

틀 속에서 생각하기보다 틀을 찾아낸다 · 64

사전에 정해진 틀과 새로 만들어 내는 틀 · 65

[규칙 1] 두 가지 요소가 동시에 일어날 수 있는 상황 · 69

[규칙 2] 키워드 ➡ 연상 게임 ➡ 이야기 만들기 · 73

귀납법으로 생각한다 · 76

귀납법적인 생각을 키우는 훈련 · 80

Q 지금까지 삶에서 겪은 '최악의 실패 세 가지'는 무엇인가?

공통점에서 '새로운 관점'을 찾아낸다 · 82

규칙을 찾아내 이야기를 만드는 능력을 기르는 문제 · 84

Q '그리고 오늘도 붕어싸만코를 먹었다.'로 끝나는 이야기를 만들어 보자

목표지점에 다다르기 위해 무엇이 필요할까? · 86

이야기를 통해 전달한다 · 88

이야기하는 능력의 기본은 '대사의 재현' · 89

귀납법에도 한계는 있다 · 92

PART **3**   # 최고의 질문을
             # 찾아낸다

최고의 질문을 찾아내는 문제 · 96

Q 처음으로 방문한 외국에서 원인불명의 병에 걸려 현지
   의사에게 진찰을 받게 되었다면?

   효과적인 질문을 어떻게 생각해 낼 것인가 · 98
      누구에게나 질문은 어렵다 · 99
      질문할 줄 안다는 것은 스스로 생각한다는 증거 · 101
      효과적인 질문을 만드는 8단계 · 104
         [문제] 종이 클립에 관한 20가지 질문 · 106
         [문제] 회사 공용어를 영어로 사용해야 한다면 · 110

상대방의 문제에 관한 최고의 질문 · 130

Q 상대방의 속을 후련하게 해줄 수 있는 단 하나의 질문을
   만들어 보자

   무엇이 문제인지 알 수 없는 문제를 풀어낸다 · 132
      더욱 구체적인 질문으로 상대방의 마음을 읽는다 · 133

PART **4**　　**상식에 뒤지지 않는
근거 능력을 갖춘다**

근거 능력을 기르는 문제 1 · 136

Q 괴테가 남긴 명언의 근거를 생각해 보자

　유명한 사람의 말이라면 모두 옳은 걸까 · 138
　　근거를 어떻게 획득할 것인가 · 140

근거 능력을 기르는 문제 2 · 145

Q 만화 <슬램덩크> 속 대사의 근거를 생각해 보자

　'바꿔 말하기'와 '근거'는 다르다 · 146
　　평소에 생각해 본 적이 없는 문제에 대한 근거를 만드는 법 · 150

목표에서 근거를 찾아내는 문제 · 152

Q 회사 미팅에 가지 않아도 되는 근거를 생각해 보자

　곤란한 상황을 벗어나기 위한 근거를 만드는 방법 · 154
　　[방법 1] 목표를 정한다　　[방법 2] 근거를 브레인스토밍한다
　　[방법 3] 최악의 상황을 생각한다 · 154

PART **5** **언어화 능력을
기른다**

언어 능력을 확인하는 문제 · 160

Q 이모티콘의 감정을 자신의 말로 바꿔 보자

그 표현은 자신의 어떤 마음을 나타내는가 · 162
이모티콘 문제를 풀어보자 · 167
언어화 능력이 중요한 이유 · 169

말의 의미부터 생각하는 문제 · 171

Q 다섯 가지 색깔 고무줄로 최대한의 가치를 창출하는
방법을 생각해 보자

'최대의 가치'란 무엇인가 · 172
[유형 A] 가치의 의미에서 생각을 시작한다 · 174
[유형 B] 사물의 특성에서 생각을 시작한다 · 180

한정된 자원으로 재미있는 아이디어를 만드는 문제 · 186

Q 가진 돈 5,000원, 제한시간 일주일.
이 조건에서 최고로 행복해지는 방법을 생각해 보자

말의 '정의'를 명확히 한다 · 187

PART 6 상식과 자신의 이해를 의심한다

상식을 의심하는 문제 · 192

Q '누워 있는 것이 일'이라고 할 수 있는 직업을 찾아 보자

문제 해결에 유연성이 필요한 이유 · 194

'누워 있기'의 장점은 무엇일까 · 197

문맥 또는 상황을 설정한다 · 202

최악의 아이디어를 최고의 아이디어로 바꾸기 · 206

Q '탄산음료가 흔들린 상태로 나오는 자동판매기'와
'아기용 신용카드' 아이디어를 좋은 계획으로 바꿔 보자

최악의 계획에서 배울 수 있는 것은 · 208

잘 안다는 착각을 버리자 · 215

아는 것 같지만 '모르는' 것을 스스로 깨닫는다 · 220

[문제] 〈폭풍우 치는 밤에〉 가부는 수컷, 메이는 암컷일까 · 222

〈폭풍우 치는 밤에〉 이야기의 계절은 언제인가 · 226

마치는 글 · 232

이 책에서 소개할 훈련은 자기 자신의 머리로 깊이 생각해서 독창적인 답을 제시하기 위한 것이다. 그러기 위해서는 다음 네 가지 규칙을 지켜야 한다.

1. 어딘가에 숨겨 둔 '정답 안테나'는 벗어던지자. '정답이 뭘까?', '다른 사람들은 ○○라고 생각하지 않을까?'라는 생각은 하지 않는다.

2. 어떤 대답이든 괜찮다(워밍업의 첫 문제에만 정답이 있다). '이런 대답은 안 되지 않을까?' 하고 불안한 생각이 든다면, 왜 그 대답이 나왔는지를 설명할 수 있을지 생각해 본다. 동물적인 감각으로 찾아낸 답이라도 설명할 수 있다면 문제가 없다. 자기 자신만의 답이 괜찮은지 아닌지는 설명에 책임을 다하느냐 아니냐에 달려 있다.

3. 대답은 종이나 스마트폰 등에 적는다. 머릿속에서 이것저것 생각하다 보면 생각이 이리저리 뒤섞이고 만다.

4. 이상한 문제는 그냥 즐긴다.

워밍업

Warming-Up

논리적 사고의
기본을 묻는 문제

월요일마다 A역 앞 편의점에
〈오늘은 포인트 두 배〉라는 안내문이
붙어 있다는 사실을 알고 있다.

그렇다면 다음 중 옳은 것은?

1 A역 앞 편의점에 〈오늘은 포인트 두 배〉라는 안내문이 붙어 있지 않다면 오늘은 월요일이 아니다.

2 A역 앞 편의점에 〈오늘은 포인트 두 배〉라는 안내문이 붙어 있다면 오늘은 월요일이다.

※ 주의
• 이 문제에는 정답이 있다.

힌 트

문제에서 말한 내용 외에는 생각하지 않는다.

자신의 논리력을
확인해 보자

먼저 워밍업으로 자신의 논리력이 어느 정도인지 확인해 보자. 예를 들어 다음과 같은 문장이 있다고 하자.

"월요일마다 A역 앞 편의점에 〈오늘은 포인트 두 배〉라는 안내문이 붙어 있다."

논리 문제를 다룰 때 중요한 점은 문제에서 말하는 내용 외에는 생각하지 않는 것이다. 위의 문장에서는 월요일마다 안내문이 붙어 있다는 것에 대해서만 말하고 있다. 월요일에 안내문이 있으니까 화요일에는 붙어 있지 않다고 생각할 수 있지만, 다른 요일에 어떤지는 전혀 언급하지 않고 있다.

이제 23쪽의 문제를 살펴보자.

1 은 정답이다.

월요일에는 반드시 안내문이 붙어 있으므로 안내문이 없다면 일단은 월요일이 아니라는 이야기가 된다.

2 는 오답이다.

'월요일마다 A역 앞 편의점에 〈오늘은 포인트 두 배〉라는 안내문이 붙어 있다.'를 'A역 앞 편의점에 〈오늘은 포인트 두 배〉라는 안내문이 붙어 있다면 오늘은 월요일이다.'라고 말하는 것은 '3월에는 철수가 들떠 있다.'를 '철수가 들떠 있다면 3월이다.'라고 바꿔 말하는 것과 비슷하다. 이렇게 바꿔 말하는 것이 옳다면 철수는 여름휴가나 크리스마스 때는 들떠 있지 않게 된다.

눈앞에 있는 정보를 착각하거나 멋대로 연상하지 않고 있는 그대로 받아들여 생각하기. 이것이 논리의 세계다.

논리는 '생각하는 힘'의 기본이다. 이 책에서 소개할 생각하는 힘은 비판적 사고를 기반으로 하며, 논리는 비판적 사고의 기본이기도 하다.

그 외에도 비판적 사고에서 중요한 것으로 사실과 의견의 구분이 있다.

사실은 증거를 보고, 듣고, 만지게 하면 증명할 수 있다. 하지만 의견은 머릿속에서 만들어 내는 생각이다. 따라서 한 명 한 명이 저마다 다를 수 있다.

'지구는 둥글다.'는 사실이다. 사진을 보여주면 증명할 수 있다. 또한 '생각하는 힘이 중요하다.'는 의견이다. 그렇게 생각하는 사람은 아주 많지만, 그렇다고 해서 그것이 증거가 되지는 않는다. 생각하는 힘이 필요 없다고 생각하는 사람도 어딘가에 있을 것이다.

사실은 그것이 옳은지 그른지가 중요하지만, 의견은 그보다는 설득력이 있는지 없는지가 핵심이다. 이 책에서는 독자에게 여러 의견을 구하겠지만, 이 세상에 절대적으로 옳은 의견이란 없다는 점을 염두에 두었으면 한다.

상대방이 나의 견해에 동조할 때 "그 의견이 맞네요."라는 말을 듣곤 한다. 하지만 원래는 "그 의견에는 설득력이 있네요."라고 말해야 한다. 생각해 보면 이상하지 않은가? 무언가를 옳다고 결론짓는다는 것은 그 외의 것들을 옳지 않다고 배제한다는 뜻이기 때문이다. 절대 그렇게 되어서는 안 된다.

설득력의 유무를 결정하는 것이 근거다. 사실에는 증거가 있고 의견에는 근거가 있다. 근거를 자세히 들여다보면 여러 가지로 복잡하지만 대략 정리해서 이야기하자면, 얼마나 좋은(설득력이 있는) 근거를 생각하느냐가 의견이 좋고 나쁨을 결정한다.

눈앞에 있는 정보가 사실인지 의견인지 판단하는 것 또한 의견이다. '이것은 사실(의견)이다. 왜냐하면…' 하며 근거와 함께 머릿속에서 생각하기 때문이다.

그러면 여기서 문제를 살펴보자.

문제

Q. '미키마우스는 인기 있다.'라는 것은 사실인가, 의견인가?
왜 이것이 사실(또는 의견)인지에 대해서도 생각해 보자.

일반적으로 말하면 이것은 '의견'이다. 왜냐하면 '인기 있다.'라는 말의 뜻을 사람마다 조금씩 다르게 받아들일 것이고, 이것이 인기 있음의 확고한 증거라고 단언할 수 있는 증거도 없을 것이기 때문이다. 한편 예를 들어 "10명 중 8명이 좋아한다고 말하면, 인기 있다고 할 수 있다."와 같이 정의를 내린다면 '사실'이라 말할 수도 있다.

위의 문제를 초등학생부터 직장인에 이르기까지 다양한 사람들에게 퀴즈로 내본 적이 있다. 그런데 정말 다채로운 대답이 나왔다. 언젠가 대학 수업에서는 한 학생이 다음과 같이 말했다.

"예를 들어 미키마우스 팬카페 모임이 있다면, 그곳에서는 미키마우스는 인기 있다는 게 사실이지 않을까요? 의견은 한 사람 한 사람마다 다른 것인데 그 모임에서는 누구나 미키마우스를 좋아하니까요. 그러니까 의견이 아니라 사실입니다."

자, 여러분은 어떻게 생각하는가?

생각하는 힘의 세계에서는 '만약 ○○라면…'이라는 설정이 큰 위력을 발휘한다. '만약 내가 상사의 입장이라면', '만약 계획대로 되지 않는다면'과 같이 생각함으로써 더 다양한 관점을 가질 수 있기 때문이다. 이 학생도 '미키마우스는 인기 있다.'라는 것이 사실이 될 수 있는 상황은 어떤 상황일지 곰곰이 생각했을 것이다.

그런데 여기서 더 생각해 보자. 앞에서 의견은 한 사람 한 사람 다를 수 있다고 했다. 그러나 사람마다 '다를 수 있다'는 것이 사람마다 '달라야만 한다'는 뜻은 아니다. '다를 수 있다'는 것은 다를 수도 있고 다르지 않을 수도 있다는 뜻이다.

즉 의견은 한 사람 한 사람마다 다를 수 있어서 모두 똑같은 생각을 가졌을 때 그것은 의견이 될 수 없다는 것은 논리적으로 이상하다. 앞의 편의점 안내문에 관한 문제와 같지만, 이번에는 의견이란 게 무엇인지 정의의 문제일 뿐이다. 따라서 말하는 내용과 어휘를 충실하게 받아들여 이해하는 것이 바로 '생각하기'의 첫걸음이다.

논리의 세계와 현실의 세계

첫걸음이 있으면 두 번째, 세 번째 걸음도 있다. 생각의 걸음을 조금 더 내디뎌 보자. 앞에서 이야기한 '월요일마다 A역 앞 편의점에 〈오늘은 포인트 두 배〉라는 안내문이 붙어 있다.' 문제로 돌아가 보자.

'월요일마다 A역 앞 편의점에 〈오늘은 포인트 두 배〉라는 안내문이 붙어 있다.'는 정보가 옳을 경우, 'A역 앞 편의점에 〈오늘은 포인트 두 배〉라는 안내문이 붙어 있지 않다면, 오늘은 월요일이 아니다.'는 정답이 된다. 논리의 세계에서 이 답은 확실히 옳다.

그러면 이것을 순수한 논리의 세계가 아니라 생활 속의 한 장면이라고 생각하면 어떻게 될까?

어느 날 A역 앞 편의점을 지나가는데 〈오늘은 포인트 두 배〉라는 안내문이 없다고 하자.

A역 앞 편의점에 〈오늘은 포인트 두 배〉라는 안내문이 없다면 그 날은 월요일이 아니므로 '그렇구나, 오늘은 월요일이 아니구나.'라고 생각하며 휴대전화를 보니, 화면에 떡하니 '월요일'이라고 쓰여 있다. 하지만 어찌 된 일인지 당황하지 않아도 된다. 논리대로만 풀리지 않는 것이 바로 현실이다. 그러면 여기서 문제를 살펴보자.

문제

Q. 월요일마다 A역 앞 편의점에 〈오늘은 포인트 두 배〉라는 안내문이 붙어 있다. 그러나 그날은 월요일인데도 〈포인트 두 배〉라는 안내문이 없다. 무슨 일이 일어난 것일까? 생각할 수 있는 가능성을 전부 나열해 보자.

＊ 주의: 상상력을 풀가동해서 최대한 즐기며 생각해 본다.

해답 예

- 그날은 어쩌다 보니 포인트 두 배인 날이 아니었다.
- 편의점 본사에 문제가 생겨서 그날은 포인트를 지급할 수 없었다.
- 편의점에 새로운 아르바이트생이 와서 안내문을 붙이는 일을 깜빡 잊었다.
- 누군가가 안내문을 밟아서 망가뜨리고 말았다.
- 사실 안내문이 붙어 있었는데, 못 본 것이었다.
- 휴대전화가 고장 났다.
- 정신이 없어서 착각했는데, 사실은 월요일이 아니었다.
- 휴대전화의 요일을 잘못 읽었다.
- 그곳은 사실 A역이 아니었다.
- 꿈이었다.

이전까지는 들은 내용에 충실하라고 하다가 갑자기 상상력을 풀가동하라니, 도대체 어쩌라는 건지 모르겠다고 생각할 수도 있을 것이다. 여기서 잠시 상상력과 논리에 대해 조금 설명하겠다.

영어회화를 예로 살펴보자. 학교에서 영어를 오랫동안 배웠어도 영어회화를 잘 하지 못하는 사람이 많다. 어째서일까? 이에 대해 독해를 중시하는 영어 교육을 받아왔기 때문이라는 주장이 있다.

이런 의견을 들었을 때 처음에 어떤 느낌이 드는가? 공감하는가, 아니면 어딘지 수긍하기 어려운가?

찬찬히 생각해 보면 이 주장에는 설득력이 없다. 왜일까? 독해를 중시하는 영어 교육과 영어회화를 잘 하지 못하는 사람이 많은 것 사이에는 뭔가 관계가 있을지도 모르지만, 독해를 중시하는 영어 교육이 반드시 영어회화를 잘하지 못하는 사람을 양산한다고는 할 수 없기 때문이다.

설득력이 없다는 것은 곧 논리적이지 않다는 뜻이다. 논리란 결국 누가 들어도 '그렇구나.' 하고 수긍할 수 있도록 설득력 있는 형태로 설명하는 것이기 때문이다.

그렇다면, 이처럼 논리적이지 못한 주장을 논리적으로 바꾸기 위해서는 어떻게 해야 할까?

대체로 이런 식으로 생각할 수 있다.

• 이 주장의 근거로서 그 외에 무엇을 생각할 수 있는가?

　예) 타인의 생각을 존중해야 한다는 문화가 있어서 말을 하기보다 말없이 상대방의 뜻을 이해하려는 일이 더 중시되어 왔다.

• 이 주장을 반론할 수 있는가? 반론할 수 있다면 어떤 근거가 생각나는가?

　예) 영어회화를 잘하는 사람들은 늘어나고 있다.

• 이 주장에 숨은 전제는 없는가?

　예) '읽기와 말하기는 직결되지 않는다.'라는 전제가 있다.

눈치챘는가? 다른 근거를 생각할 때나 반론이 가능한지 검토할 때 필요한 것은 '이렇게 생각할 수도 있지 않을까.' 하고 상상하는 일이다.

무언가를 논리적으로 주장하기 위한 작업은 거의 상상력의 승부라고 할 수 있다.

여기서 논리와 상상력은 떼려야 뗄 수 없는 관계임을 알수 있을 것이다. 나아가 상상력은 사람에게 중요한 '살아가는 능력'이기도 하다.

그럼 잠시, 자신의 삶에서 일종의 터닝 포인트가 될 만한 사건을 떠올려 보자. 진학, 취직, 결혼, 각종 사고 등 각자 여러 가지가 있을 것이다.

그중에서 예측할 수 있었던 것이 얼마나 있었는가? 우리가 '운명적 만남'이라는 말을 흔히 쓰지만, '운명적 ○○'이란 바꿔 말하면 '나중에 돌이켜 보면 운명이라고 할 수밖에 없을 만큼 예측할 수 없었던 ○○'이라는 뜻이다.

아무리 상상력을 동원해도 이 세상에서 일어나는 일들은 인간의 상상력을 가볍게 뛰어넘는다. 우리가 잊어서는 안 되는 점은 우리의 상상과 지금까지의 경험이나 패턴을 가볍게 뛰어넘는 일이 언제 일어나도 이상하지 않다고 생각하는 것이다.

기존의 경험과 패턴에서 해답을 끌어내는 일은 AI의 특기다. 하지만 사람이기에 가능한 '생각하는 능력'에서는 상상력이 아주 중요하다.

　상상력은 '그냥 즐기자!'라고 생각하면 생각할수록 자라난다. 이제부터 생각하는 능력을 기르는 훈련을 본격적으로 시작해보자.

PART 1

스스로 답을 찾아내는
생각하기의 기본

See - Think - Wonder

생각하는 힘의 근본을
연마하는 문제

르네 마그리트, 〈심금〉, 1960
© René Magritte / ADAGP, Paris – SACK, Seoul, 2019

이 그림을 보고
다음 문제에 답해 보자.

1 무엇이 보이는가?
'사실'을 가능한 한 많이 나열해 보자.

2 대체 무슨 일이 일어나고 있는 걸까?
'○○가 일어나고 있다고 생각한다, 왜냐하면 △△이니까.'
와 같이 근거도 생각해 보자.

3 위의 **1** 과 **2** 에 대답한 후, 머릿속에 떠오르는 '의문'을 최소한 한 가지 들어 보자.

※ 주의
• 이 문제에는 정답이 없다.

힌 트

우선 확실하게 관찰하고 이해하자.

'생각하는 일'은
관찰하는 데에서 시작된다

이 문제는 미국 하버드대학교에서 시작된 교육 프로젝트로, 학생들의 사고력과 이해력을 향상시키는 것으로 입증된 프로그램의 내용을 담은 《생각을 보이게 만들기 Making Thinking Visible》(론 리치하트 외 지음)에서 소개된 사고법을 활용한 것이다. 이 책의 내용은 앞으로도 몇 가지 더 소개할 예정인데, 모두 실제로 수업에서 활용해 보고 효과가 있다고 느꼈던 것들이다. 일부 내용은 수업에 맞게 수정한 경우도 있다.

이번에 소개할 프로그램은 See‐Think‐Wonder라는 방법이다. 구체적인 목적은 다음과 같다.

① 그림 등을 주의 깊게 봄으로써 이해력을 기른다.
② 무슨 일이 일어나고 있는지 설명함으로써 논리력을 연마한다.
③ 의문을 제기함으로써 독창적인 사고의 기반을 다진다.

39쪽의 문제 **1**, **2**, **3**은 각각 위의 ①, ②, ③을 지향한다. 이는 모두 생각하는 힘의 기본이 된다. 이번 장에서는 그 외에도 근거에 설득력을 불어넣기 위한 훈련을 할 것이다. 이것 역시 생각하는 힘의 중요한 기반이 된다.

아무리 그래도 갑자기 이상한 그림이 등장했다고 생각할지 모르겠다. 38쪽의 그림은 벨기에의 초현실주의 화가 르네 마그리트(1898~1967)의 작품이다. 마그리트의 그림은 실험적이면서도 묘한 신비함이 있어서 말로 설명하기 어려우므로, 평소에 사용하지 않는 사고방식을 훈련하는 데에 아주 적절하다.

해답 예

- 와인 잔 같은 물건 위에 구름 같은 게 있다.

- 뒤에 산이 있다.

- 사실 이것은 인스타그램에 올리기 좋은 '트릭아이' 사진
  이다. 거대한 구름 그림이 있는 창문 앞에 잔을 놓고, 조금
  떨어진 곳에서 사진을 찍으면 이렇게 보일 테니까.

- 왜 사람들은 트릭아이에 끌릴까?

그러면 이 문제에 대한 해설을 3가지 방법으로 살펴보
겠다.

문제 해설

방법
1

무엇이 보이는가?
'사실'을 가능한 한 많이 나열해 보자.

문제 **1** 처럼 사실을 가능한 한 많이 나열하는 것은 그
리 어렵지 않을 것이다. 여기서는 '가능한 한 많이'가 중요

하다. 열 개 이상 나열한 사람은 '보고 이해하는 능력'이 상당히 뛰어나다고 할 수 있다.

여기서 잠깐, 여러분은 평소에 무언가를 얼마나 '주의 깊게' 보는가(또는 듣거나 읽는가)?

주의 깊게 보기(듣기, 읽기)는 모든 생각하기의 기본이다. 주의 깊게 보지 않으면 이해할 수 없기 때문이다. 우리는 '무언가'를 이해해야 비로소 그것에 대해 생각할 수 있다. 때로는 자신이 잘 모르는 일에 대해 의견을 말하는 사람들이 있지만, 원래는 잘 모르는 일에 대해서는 '잘 모른다.'라는 말밖에 할 수 없을 것이다.

생각하는 일은 무언가에 대해 의견을 갖는다는 의미이며, 의견을 갖기 위해서는 자신의 의견에 책임질 줄 알아야 한다. 의견에 책임질 수 있도록 우선 의견의 대상인 사물이나 사람을 자세히 관찰하고 이해하자. 너무나 당연한 말처럼 들리겠지만 잊어버리기 쉬우므로, 여기서 다시 한 번 짚고 넘어가고자 한다.

방법 2 　무슨 일이 일어나고 있는지 설명한다

현실에서는 있을 수 없는 광경을 '사실 이것은 ○○이다.' 라고 가정하고, 그런 관점에 타인도 수긍할 수 있도록 어떻게 설명해야 앞뒤가 맞는지 그 근거를 설명한다.

무언가 좋은 아이디어가 떠올랐는데도 제대로 설명할 수 없을 것 같아 그냥 말하지 않고 포기한 적이 있는가? 중요한 아이디어를 말로는 설명할 수 없다는 이유로 묻어버리는 것은 정말로 아까운 일이다.

아이디어란 참으로 신비한 것이어서 자신도 잘 이해하지 못하는 무언가인지도 모른다. 신비하다는 점에서는 마그리트의 그림과도 일맥상통하는 부분이 있다. 마그리트의 그림 속 신비를 논리적으로 설명할 수 있는 능력은 곧 자신의 아이디어를 수업이나 발표, 회의 등에서 설명하는 능력으로 이어진다.

다음에 제시하는 두 가지 해답은 이 그림을 현실적으로 설명하려는 시도인데, 공상이나 망상도 대환영이다. 현실성이 있든 없든 앞뒤만 맞으면 된다. 공상 같은 답변의 예로 초등학생의 글을 소개하겠다.

- 잔과 구름은 이 마을의 상징이다. 구름이 전혀 없었던 마을에 사상 최초로 뜬 구름을, 기념해야 할 상징으로 삼았다.
- 이 세계는 미래의 세계다. 왜냐하면 지금 세계에 저렇게 큰 잔은 없기 때문이다. 저 잔은 구름을 빨아들이는 기계이고, 구름을 얼마나 빨아들일 수 있는지 실험하는 중이다.

아이들은 이런 설명을 눈 깜짝할 사이에 내놓는다. 머릿속에서는 아마도 '잔이 왜 이렇게 크지?', '왜 잔 위에 구름이 있지?'와 같은 수수께끼가 우선 떠올랐기 때문에 그것을 풀기 위한 열쇠로서 '상징', '미래' 등을 생각해 낸 듯하다.

그러나 개중에는 '사실 이것은 ○○이다.'라고 가정하는 것도, 자신의 가정을 다른 사람이 이해할 수 있도록 설명하는 것도 막막하다고 생각하는 사람이 있을 수 있다.

그런 사람은 '만약 이것이 ○○라면…' 하고 생각해 보자. 예를 들어 '만약 이것이 음식이나 가구, 연극 소품이라면'이라는 설정을 했다면 '만약 이것이 가구라면, 이것은 폭신폭신한 털로 덮인 소파다. 전위적인 디자인으로 소파 다리가 와인 잔과 같은 형태다. 뒤에 보이는 산은 소파를 디스플레이할 때의 배경 그림이다.' 등으로 설명할 수 있다.

어떤 것이든 다른 사람이 수긍할 수 있도록 논리적으로 설명하는 힘을 기르기 위한 것이므로 시도해 보자.

방법
3   의문을 제기한다

문제 **3** 에서 여러분은 어떤 의문을 떠올렸는가? 의문을 제기할 때는 먼저 '이해할 수 없는 것'을 찾아 보자. 이해할 수 없는 것이 무엇인지 알면 의문을 제기하기가 쉬워진다.

그럼 여기서 이해할 수 없는 것을 의문으로 바꾸는 연습을 해 보자. 질문이나 의문을 생각해 내는 일에 자신이 없는 사람에게 특히 이 방법을 추천한다. 종이나 스마트폰에 거침없이 써 내려가자. 최소한 열 개는 적어 본다.

'이해할 수 없는 것'을 의문으로 바꾸는 연습

1. 38쪽에 있는 마그리트의 그림을 보고 '이해할 수 없는 것'을 모두 나열해 보자. 아무리 사소한 것이라도, 바보 같은 이야기라도 좋다.

2. 위에서 나열한 '이해할 수 없는 것'을 각각 질문으로 바꿔 보자.

예) '잔이 거대하다' (이해할 수 없는 것)

➡ '왜 잔이 저렇게 거대할까?' (질문)

조금 벗어난 이야기일 수도 있지만 '이해할 수 없다.'라는 것에 둔감해진 젊은이들이 늘어나고 있다는 뉴스를 들은 적이 있다. SNS 등에서 성난 파도와 같이 밀려드는 정보를 더 빠르게, 더 많이 받아들이는 데 정신이 팔려서 눈앞의 정보를 잘 이해하고 있는지 자신에게 물어보지 않게 되었다는 것이다.

의문과 질문의 출발점은 이해할 수 없다는 느낌이다. 어릴 적에는 이해할 수 없는 일이 생기면 순수하게 '왜 그럴까?' 하고 생각하면서 "왜?"라는 말을 입에 달고 살던 사람들도, "그런 건 몰라도 돼.", "그런 쓸데없는 생각은 하지 말고 공부나 해라."라는 말을 계속 듣다 보니 질문하지 않는 습관이 든 것일지도 모른다. 질문하지 않게 되면 왜 그럴지 생각하는 일도 자연히 줄어들게 된다.

'왜 그럴까?'라는 생각은 매우 중요하다. 어린아이가 하는 것과 같은 이 질문이 기발하고 독창적인 사고의 근원이 될 수 있기 때문이다. '왜 전화기에 버튼이 필요할까?'라는 생각에서 나온 것이 스마트폰과 같은 조작법이다. 과학의 대발견도 '왜 물건은 땅에 떨어질까?'와 같은 소박한 의문에서 시작되는 것이다.

하지만 사과가 나무에서 떨어지는 모습을 보고 주변 사람들에게 "왜 물건은 땅에 떨어질까?"라고 질문해도 대개 그렇듯 "원래 그런 거야."라고 대답하지 않았을까 싶다. 여러분도 "왜?"라는 의문을 입 밖에 냈는데 그냥 원래 그런 거라고 일축당한 경험이 있을지도 모르겠다.

'원래 그런 것'을 의심하면 자신만의 관점이 생긴다

예전에 육상 100미터 경기 중계를 TV로 보다가 9.997초는 10.00초와 똑같다는 해설자의 말을 듣고, 분명 0.003초 차이가 있는데 왜 10.00초라고 하는지 의문이 생긴 적이 있다. 아무리 생각해도 이상하지 않은가?

이에 대해 프로 육상선수에게 물어보니 당연하다는 반응이었다. 현재 육상 트랙 종목에서 1/1000초는 공식 기록으로 인정하지 않기 때문이라는 것이다.

그렇게 정해져 있는 거라면 어쩔 수 없다고 생각했지만, 한편으로 문득 사람은 지식과 경험이 늘어날수록 '원래 그런 것'이라고 결론짓는 일이 늘어나고, 그 결과로 의문을 갖는 능력을 점점 잃게 되는 것일지도 모른다는 생각이 들었다.

원래 그런 것이라고 결론짓는 일이 나쁘다는 뜻은 아니다. 하나하나 전부 '왜?' 하고 고민하다 보면 아무것도 할 수가 없다. 하지만 때로는 원래 그런 것이라는 대전제에 의문을 갖는 일도 좋지 않을까?

예를 들어 비행기에서는 원래 기내식을 주는 것이라는 전제를 의심하면, 기내식을 없애고 더 낮은 비용으로 이동수단의 역할을 하는 비행기를 만들 수 있지 않을까 하는 생각에 저렴한 저가항공이 등장했고, 주스는 원래 색깔이 있는 것이라는 생각을 뒤집었기에 한때 유행했던 투명한 음료가 나올 수 있었다.

의문이 생기면 굳이 소리 내서 말할 필요는 없다. 그러나 자신의 머릿속에서는 말해 봐야 한다. 그렇게 하지 않으면 의문 자체를 느끼지 않게 되어 정말 필요할 때 질문할 수 없게 된다. 이처럼 '원래 그런 것'을 의심하면 자신만의 의문과 관점이 생겨난다.

여기서 의문과는 별개로 중요한 것이 바로 '근거'다. 아무리 멋진 아이디어라도 하필 왜 그 아이디어인지 근거가 확실하지 않으면 상대방을 설득할 수 없다.

게다가 근거는 회의 등과 같이 다른 사람들 앞에서 자신의 의견을 말할 때 특히 중요하다. 찬성인지 반대인지, 설득력 있는 형태로(논리적으로) 밝히는 것이 근거이기 때문이다.

근거와 관련한 훈련은 4장에서 실시할 것이다. 여기서는 우선 설득력 있는 근거란 무엇인지 알아보자.

문제

1. 영어를 반드시 배워야 한다고 생각하는가? 왜 그렇게 생각하는가?
   * 근거는 종이 등에 써 내려가면서 가능한 한 많이 들어 보자 (최소 다섯 가지).

2. 1번의 답과는 반대되는 대답(1번에서 '배워야 한다'고 대답했다면 '배우지 않아도 된다')의 근거를 종이 등에 써 내려가면서 가능한 한 많이 들어 보자(최소 다섯 가지).

3. 1번과 2번에서 제시한 근거에 설득력이 강한 순서대로 번호를 매겨 보자(설득력이 가장 강한 근거부터).

* 주의: 이 문제에도 정답은 없다.

문제 1번은 그다지 어렵지 않을 것이다.

문제 2번의 '반대되는 주장의 근거 생각하기'는 생각하는 힘의 또 한 가지 중요한 기본이다.

'분명히 A야.'라고 생각하던 사람이 'A가 아니라고 할 수 있을지도 몰라. 그 근거는⋯.' 하고 생각하게 되면 자신의 의견을 객관적으로 바라보는 계기가 되고, 관점과 시야도 넓어진다. 그렇게 되면 자신의 의견을 단정적으로 말하지 않게 된다. 따라서 평소에 내 의견에 반론할 수 있을지, 반론할 수 있다면 근거는 무엇일지 생각하는 습관을 들이자.

자신의 의견에 반론하는 일이 조금 버겁게 느껴진다면, '만약에 반대 주장을 한다면 그 근거는 뭘까?'라고 자문해보면 좋다. 반대 관점에서 근거를 생각하면 깊이 있는 의견, 그리고 반박당하지 않는 의견에 가까워질 수 있다.

이제 문제 3번의 '설득력이 큰 순서대로 번호 매기기'에 대해 살펴보자.

실제 수업에서는 포스트잇과 화이트보드(또는 종이를 옆

반대
배우지 않아도 된다

중심점

찬성
배워야 한다

**설득력이 있는
순서대로
끝에서부터
나열한다**

- 영어를 할 줄 안다고 해서 인생에 득이 된다는 보장은 없으니까 (다소 강한 근거)
- 영어 외에도 배울 것이 많이 있으니까 (다소 약한 근거)

- 인터넷에서 쓰는 언어는 기본적으로 영어이니까 (다소 강한 근거)
- 여러 나라 사람들과 이야기할 수 있으니까 (다소 약한 근거)

으로 길게 이어 길이 60cm 정도의 띠를 만든다)를 사용한다.

구체적인 방법은 다음과 같다.

① 먼저 포스트잇 한 장에 근거를 하나씩 적는다.

② 화이트보드에 가로 60cm 정도의 직선을 긋고, 양쪽 끝에 각각 찬성, 반대라고 쓴다.

③ 가운데에서 끝으로 갈수록 설득력 있는 근거가 되도록 포스트잇을 하나씩 붙여 나간다.

이것은 앞서 소개했던 《생각을 보이게 만들기 Making Thinking Visible》의 Tug-of-War(줄다리기라는 뜻으로 양쪽 끝으로 갈수록 강력해지므로 이렇게 부른다)라는 방법을 활용한 것이다.

그러면 '설득력 있는 근거'는 어떻게 판단할까? 주된 기준 중 하나를 들자면, 딱히 반박할 말이 떠오르지 않는 근거는 설득력이 있다고 할 수 있고, 반박할 말이 떠오르는 근거는 그다지 설득력이 없다고 할 수 있다. 객관적인 자료나 신뢰할 수 있는 전문가의 의견 등은 일반적으로 설득력 있는 근거가 된다.

예를 들어 '우리는 영어를 배워야 한다.'의 근거로 다음과 같은 것을 생각했다고 하자.

- 글로벌 시대에 대비하기 위해
- 세상을 보는 시야가 넓어지므로
- 이직이나 이민 등 만약의 상황에서 생존할 수 있는 기술이니까

각각의 근거에 대해 어떤 반박이 떠오르는가?

예를 들어 보자.

- 글로벌 시대에 대비하기 위해

  → 번역기가 더 발달하면 영어 실력은 필요 없어지지 않을까?

- 세상을 보는 시야가 넓어지므로

  → 영어 외의 다른 언어를 배워도 시야는 넓어질 수 있다.

- 이직이나 이민 등 만약의 상황에서 생존할 수 있는 기술이니까

  → 생존을 위해서는 영어 같은 언어 외의 기술도 필요하다.

이렇게 하나하나 반박하고 나면, 그다음에는 반박만 보고 수긍이 가는 반박인지 생각해 본다. '번역기가 더 발달하면 영어 실력은 필요 없어진다.'와 '영어 외의 다른 언어를 배워도 시야는 넓어질 수 있다.'에 대해서는 '그럴 수도 있겠네.'라고 생각했다고 하자.

반박을 수긍할 수 있다는 것은 원래의 근거에는 그다지 설득력이 없다는 뜻이다.

그렇다면 '생존을 위해서는 영어 외의 기술도 필요하다.'
는 어떨까?

영어와 같은 언어 외의 기술'도' 필요하다고 했으니, 영
어는 필요하다고 인정한 것이 된다. 다시 말해 그 바탕이
되는 근거(영어는 이직이나 이민 등 만약의 상황에서 생존할
수 있는 기술이다)를 인정한 것이나 마찬가지다. 인정받는
근거는 곧 설득력이 있는 근거라는 뜻이므로 줄다리기의
찬성 쪽 끝에 두면 된다.

앞의 두 가지 근거는 반박해 본 결과 모두 근거가 강하
지 않다는 결론이 나왔다. 둘 중 무엇이 더 약한 근거인지
지금부터 생각해 보자.

- 글로벌 시대에 대비하기 위해
  → 번역기가 더 발달하면 영어 실력은 필요 없어지지 않을까?
- 세상을 보는 시야가 넓어지므로
  → 영어 외의 다른 언어를 배워도 시야는 넓어질 수 있다.

이번에도 반박에 주목하자. '번역기가 더 발달하면 영어 실력은 필요 없어지지 않을까?'의 경우 듣고 보니 맞는 말 같기도 하다. 그러나 번역기가 발달한다는 것도, 그렇게 되면 영어 실력이 필요 없어진다는 것도 반드시 실현된다는 보장은 없다.

그러므로 이 반박은 약하다. 원칙적으로 반박이 약하면 근거는 강하다고 할 수 있으므로 '글로벌 시대에 대응하기 위해서'는 '강하지 않은 근거' 중에서는 그럭저럭 강하다고 할 수 있을 것이다.

기본적으로 어떤 반박이 약하다고 판단되면 그 근거로 그 외에 반박할 부분이 없는지 생각한다. 그러고 나서 다른 반박이 떠오르면, 새로운 반박의 강함과 약함을 검토하는 순서로 모든 반박의 강약을 저울질해서 그 근거가 강한지 약한지를 판단한다.

이 중에서 '글로벌 시대에 대비하기 위해서'라는 근거는 애초에 '다소 강한 근거'에 속하기 때문에 이 순서는 생략했다.

한편 또 다른 반박인 '영어 외의 다른 언어를 배워도 시야를 넓힐 수 있다.'는 아주 타당한 말이므로, 이 반박을 반박하는 일은 꽤 어려울 듯하다.

'반박할 수 없을 것 같은 반박'의 대상인 근거는 상당히 약하다고 할 수 있다.

이처럼 앞의 세 가지 근거를 설득력이 강한 순서대로 나열하면 '이직이나 이민 등 만약의 상황에서 생존할 수 있는 기술이니까.' → '글로벌 시대에 대비하기 위해서' → '세상을 보는 시야가 넓어지므로'가 된다.

마찬가지로 '영어를 배우지 않아도 된다.'의 근거도 반박하면서 설득력의 강약을 생각해 보자. 배우지 않아도 되는 근거로는 무엇이 있을까?

예를 들어 '영어를 잘하지 못하는 사람을 많이 알고 있는데, 영어를 못한다고 해서 고생하는 것처럼 보이지는 않으니까.', '다른 외국어를 할 줄 알면 되니까.' 등이 있다.

다음 장으로 넘어가기 전에 설득력의 유무를 판단하는 또 다른 방법을 한 가지 더 소개하겠다.

근거 A와 결론 B가 있을 때, 다음 두 가지를 생각해 보는 것이다.

- A가 옳다고 가정하면 B 외의 결론을 끌어낼 수 있는가?
- B라는 결론의 근거로 A보다 더 좋은 것을 떠올릴 수 있는가?

이 두 가지 질문에 대한 대답이 모두 '노(NO)'라면 A는 강한 근거다. 둘 중 하나의 대답이 '예스(YES)'라면 A는 그렇게까지 강하지 않은 근거이며, 두 질문의 대답이 모두 '예스(YES)'라면 A는 약한 근거다.

이 장의 첫 부분에서 자신의 의견을 갖기 위해서는 그 의견에 책임질 수 있어야 한다고 말한 바 있다. 자신만의 고유한 가치를 높이기 위해서라도 어떤 주장에 앞서 확실한 근거를 제시하는 일은 중요하다.

"이것은 내 의견이고, 근거는 ○○이기에 책임질 수 있습니다."라고 말할 수 있어야 한다. 바람직한 의사소통을 위해 앞으로는 이런 방식이 사회의 새로운 기준이 되어야 하며, 그렇게 될 것이라고 본다.

PART 2

문제의 규칙을
찾아낸다

Creativity

규칙을 찾아내는
문제

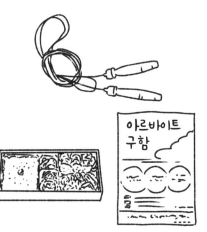

어느 가게에 관한 문제다.

어느 가게에서 다음과 같은 세 가지 상황이 일어났다.

1 줄넘기가 잘 팔리기 시작했다.

2 도시락이 예전보다 덜 팔리게 되었다.

3 아르바이트 구인광고를 낼 필요가 없어졌다.

그 배경에는 (   )가 있었다.

(   )에 들어갈 내용을 생각해 보자.

※ 주의
- 이 문제에도 정답은 없다.
- (   )에는 긴 글을 넣어도 좋다.

힌 트

1 ~ 3 의 공통점과 연상되는 키워드를 찾아 보자.

틀 속에서 생각하기보다
틀을 찾아낸다

　세상의 규칙이라는 게 시대에 따라 바뀌어 왔지만, 근래만큼 변화가 심했던 적은 아마도 없었을 것이다. 이제는 평생직장이라는 개념도 약해지고, 좋은 학교를 나와 좋은 회사에 취직하면 계속 편하게 살 수 있다는 것도 옛날이야기다. 그래서 격변하는 시대에 앞으로는 무엇이 규칙이 될지 예측하는 일이 더욱 특별한 의미가 있다.

　그러나 스스로 규칙을 찾아낸다는 게 그리 쉬운 일만은 아니다. 또한 규칙을 찾아낸다 해도 그것을 효과적으로 말하는 것을 어려워하는 경우가 많다.

앞의 문제는 그야말로 스스로 규칙을 찾아내는 능력을 기르자는 것이다. 이 장에서는 규칙을 찾아내고 그 규칙을 효과적으로 이야기하는 능력(창조력)에 관해 알아보자.

해답 예

이 가게 부근에 있던 공장이 철거되고 그 자리에 가족들을 위한 대형 아파트가 들어섰다. (아파트가 들어서면서 초등학생들이 많이 이사를 와서 줄넘기가 많이 팔리고 **1**, 공장에서 일하는 사람들이 없어져서 도시락의 수요가 줄었고 **2**, 아르바이트를 하려는 주부들이 늘어났다 **3**.)

사전에 정해진 틀과 새로 만들어 내는 틀

가령 문제가 '공장이 있던 자리에 대형 아파트가 들어섰다. 앞으로 무슨 일이 일어날까?'라면 이야기는 간단하다. 일반적으로 우리가 학교에서 배워 왔듯이 우선 결론과 같이 사전에 정해진 틀이 있고, 그 틀에 개별적으로 끼워 맞

취 나가는 방식으로 생각하면 되기 때문이다. 또한 그 틀에서 벗어나지 않는 것이 바람직하다고 여겨왔다.

잠시 여기서 중학교 때 사용한 영어 교과서를 떠올려 보자. be 동사를 예로 들겠다. 'he/she/it에는 is를 쓴다, I에는 am이고, you에는 are이다.'와 같이 규칙을 자세히 설명했을 것이다. 'Ken이라는 사람은 he이니까 Ken에도 is를 쓴다. … 그러면 이제 연습문제를 풀어보자.' 대충 이런 흐름이다. 대체로 규칙을 읽고 나면 자연스럽게 문제의 답을 알 수 있는 구조다.

반면 영미권에서 자주 보이는 외국인(네이티브 스피커가 아닌 사람)을 위한 영어 교과서는 분위기가 다르다. 문법 규칙은 대략적으로만 설명한다. 우리의 교과서가 열 가지 규칙 중 열 가지를 모두 설명한다면, 영미권 교과서는 여섯 가지 정도만 설명하고 '이제부터는 예문을 읽고 연습문제를 풀면서 직접 규칙을 찾아보세요.'라고 제시한다. 대략적인 예비지식을 알려 주기는 하지만 예문과 연습문제라는 개별 사례를 통해 규칙이라는 틀을 직접 만들어 내는 것이다.

어떤 방식으로 공부해야 영어를 더 잘하게 될지는 사람마다 다르겠지만, 규칙을 찾아내는 능력이 중요하다는 사실만은 분명하다.

우선 규칙을 배우고 나서 그것을 연습문제 등의 개별 사례에 끼워 맞추는 방법은 답을 틀릴 일도 없고 응용력도 기를 수 있다. 그러나 이런 교육을 오래 받으면 스스로 규칙을 찾아내는 능력은 키우기 어렵게 된다.

하지만 틀이 미리 정해져 있으면 그 틀의 범위 내에서밖에 생각할 수 없어서 독창적인 능력을 발휘할 기회가 적어진다.

우리 사회에서는 뭔가 새로운 일을 시작하려고 하면 주변 사람들이 그게 왜 안 되는지에 대한 이유를 이것저것 들이댄다. 아마 여러분도 그런 경험이 있을지 모른다. 안되는 이유를 대는 일에는 세계 최고가 아닐까 싶을 정도다.

이런 것도 '안 된다'는 규칙이 우선 절대적인 요소로 존재하고, 내가 할 일은 그 규칙이 얼마나 '옳은지'를 증명하는 것이라는 사고방식이 몸에 배어 있기 때문이라고도 할 수 있다.

하지만 앞으로는 스스로 규칙을 찾아 나가는 습관을 들여야 한다. 기존의 규칙을 증명하기만 해서는 생각하는 능력이 발전해 나갈 수 없다.

서론이 길어졌다. 63쪽의 줄넘기와 도시락, 구인광고에 관한 문제로 돌아가 보자. 여러분은 어떤 순서로 생각했는가? '① 줄넘기가 잘 팔리게 된다. ② 도시락이 잘 팔리지 않게 된다. ③ 아르바이트를 따로 모집할 필요가 없어진다.'라는 모든 조건을 충족하기 위해 '줄넘기는 인기 있지만 도시락은 인기가 없고, 아르바이트를 따로 모집하지 않아도 되고…'와 같이 한 번에 모두 생각하려고 하면, 규칙을 찾기는 고사하고 머릿속이 더 어지럽게 된다.

그러면 규칙을 어떻게 찾아내야 할지 구체적인 방법을 살펴보자.

**두 가지 요소가 동시에 일어날 수 있는 상황을 생각하고
➡ 나머지 요소도 포함한다**

여러 현상에서 규칙을 읽어내려 할 때 그 현상들이 서로 비슷하다면 수월하다. 예를 들어 '가상화폐와 AI와 블록체인의 발전'에서 읽어낼 수 있는 것은 '기술의 진화'라 할 수 있다.

그러나 앞의 문제에 나오는 '줄넘기가 잘 팔리게 된다.' '도시락이 잘 팔리지 않게 된다.' '아르바이트를 따로 모집할 필요가 없어진다.'와 같이 언뜻 보기에 서로 동떨어진 현상일 경우에는 간단하지 않다.

이 경우에는 서로 별개인 현상들 속에서 우선 공통점을 찾기 쉬운 것을 고른다. 예를 들면 '도시락이 잘 팔리지 않게 된다.'와 '아르바이트를 따로 모집할 필요가 없어진다.'를 고를 수 있다.

그다음에는 이 두 가지 현상이 동시에 일어날 수 있는 상황을 생각나는 대로 나열해 본다. 어떤 아이디어라도 좋다. 앞뒤가 맞는 상황을 말하는 데에만 집중하자.

그리고 나열한 상황 중에서 나머지 현상(줄넘기가 잘 팔

리게 된다)도 설명할 수 있는 것이 있는지 생각해 본다. '돈을 저축하려는 사람이 늘었다.'라는 상황이라면 '운동할 때도 돈을 아끼기 위해 줄넘기를 하는 사람이 늘었다.'라고 설명할 수 있을 것이다. '일하는 사람들이 줄어들고 대신 주부들이 늘었다.'의 경우도 '주부들에게 초등학생 아이들이 있으면 줄넘기의 수요도 증가한다.' 등으로 설명할 수 있을 것이다. 이렇게 하면 모든 현상이 설명되는 딥을 만들어 낼 수 있다.

최종적인 답을 생각해 냈다면, 애초에 그 상황이 왜 생겨났는지도 생각해 보자. 그러면 배경에 어떤 원인이 있는지 보이게 된다.

예를 들어 '왜 돈을 저축하려는 사람이 늘었을까?(불황? 금융기관에 대한 불신?)' 등이 있을 것이다. 65쪽의 해답 예(공장이 철거되고 그 자리에 가족들을 위한 대형 아파트가 들어섰다)는 '왜 일하는 사람들이 줄어들고 대신 주부들(그리고 아이들)이 늘었을까?'라는 의문에 대한 답이라고도 할 수 있다.

예시

Q. **도시락이 잘 팔리지 않게 되는 상황과 아르바이트를 따로 모집할 필요가 없어지는 현상이 한 가게에서 동시에 일어날 수 있는 경우는?**

- 돈을 저축하려는 사람이 늘었다(직접 요리하는 사람, 자발적으로 아르바이트를 찾는 사람이 늘었다).

- 근처에 인기 있는 도시락 가게가 생겼다(그 도시락 가게에 손님을 빼앗기고, 도시락 매출이 줄어서 아르바이트를 쓸 필요가 없어졌다).

- 그 지역에서 일하는 사람들이 줄어들고 대신 주부들이 늘었다(도시락을 사는 사람이 줄어들고, 자발적으로 아르바이트를 찾는 사람이 늘었다).

이런 식으로 해 본다.

이 방법이 조금 어렵게 느껴진다면 다음과 같은 방법도 있다.

이러한 상황의 배경에는 어떤 원인이 있을까?

키워드 ➡ 연상 게임 ➡ 이야기 만들기

주어진 '현상' 속에서 키워드를 각각 추출한 후, 그 키워드를 가지고 자유롭게 연상해서 이야기를 만들어 나가는 방법이다.

우선 키워드를 추출한다. '줄넘기가 잘 팔리게 된다.', '도시락이 잘 팔리지 않게 된다.', '아르바이트를 따로 모집할 필요가 없어진다.'의 키워드로는 '줄넘기', '도시락(상품)' '아르바이트' 등이 있을 것이다.

'도시락(상품)'이라고 쓴 것은 집에서 만드는 도시락과 혼동하지 않기 위해서다. 이처럼 단어는 명확하게 사용하자. 생각은 말을 이용하는 작업이다. 애매한 말은 모호한 생각밖에 낳지 못한다.

다음으로는 키워드마다 '이 키워드에서 연상되는 것'을 자유롭게 나열해 보자. 이것을 종이 등에 써 내려간다.

이어서 연상되는 것 중 마음에 드는 것을 하나 골라 본다. 느낌으로 골라도 좋다. 예를 들어 '줄넘기부'를 선택했다고 하자.

예시

키워드		키워드에서 연상되는 것
줄넘기	➡	초등학생, 기록, 줄넘기부, 권투
도시락(상품)	➡	점심시간, 직장인, 전자레인지, 간편함, 돈
아르바이트	➡	주부, 가계, 낮 시간, 가까운 곳

여기서 잠깐, '매지컬 바나나'라는 아이들의 연상 놀이가 있다.

바나나 하면 음식 → 음식 하면 카레 → 카레 하면 아빠 → 아빠 하면 골프 → 골프 하면 일찍 일어나기 → 일찍 일어나기 하면 아침밥 → 아침밥 하면 바나나

이렇게 'A 하면 B'로 점점 연상을 이어나가 마지막에 '바나나'에 다다르면 성공이다. 언뜻 우리가 잘 알고 있는 '원숭이 엉덩이는 빨개, 빨가면 사과, 사과는 맛있어…'라는 연상 놀이와 비슷해 보이지만 이 놀이의 흥미로운 점은 마지막에 바나나에 다다라야 한다는 제약이 있어서, 자유로

운 발상을 즐기면서도 생각에 제한을 둘 수 있다는 특징이 있다.

그러면 이 놀이를 흉내 내보자. 앞에서 고른 '연상되는 것'(줄넘기부)에서 시작해서, 나머지 키워드(도시락[상품], 아르바이트) 중 하나에 다다르도록 '줄넘기부 하면 ○○' 하는 식으로 자유롭게 연결해 보자. 도중에 나머지 하나의 키워드도 반드시 넣어보자.

예시

줄넘기부 하면 대회 ➡ 대회 하면 원정 경기 ➡ 원정 경기 하면 가족 응원 ➡ 가족 응원 하면 도시락 ➡ 도시락 하면 도시락(상품) ➡ 도시락(상품) 하면 돈 ➡ 돈 하면 아르바이트

여기까지 왔다면 이제 남은 일은 상상력을 동원해서 이야기를 만드는 것만 남았다.

예시

이 지역의 줄넘기부는 전국대회에서 우승한 적이 있는 실력 있는 팀이다. 그래서 많은 초등학생이 줄넘기부에 들어가고 싶어 한다. 지금도 초등학생들은 <u>줄넘기를 사서</u> 열심히 연습하는 중이다.

줄넘기 대회에 나가려면 다른 지역으로 경기를 하러 가야 하므로, 어머니들은 원정에 드는 비용을 저축하기 위해 도시락은 항상 직접 만들고(<u>도시락이 잘 팔리지 않게 되었다</u>) 아르바이트를 찾아 나서게 되었다(<u>아르바이트를 따로 모집할 필요가 없어졌다</u>).

귀납법으로 생각한다

스스로 규칙을 찾아내는 것은 논리학 등에서 나오는 귀납법의 사고방식이다. 귀납법이란 예를 들어,

a 초등학생들이 가위바위보로 학부모회 임원을 선출했다.

b 초등학생들이 가위바위보로 놀이 순서를 정했다.

c 친구 집에서 과자를 하나씩 고를 때도 초등학생들은 가위바위보로 결정했다.

위와 같은 정보가 있고, 여기서 '초등학생들은 가위바위보를 좋아한다.'는 결론을 끌어내는 것이다.

이러한 귀납법과 세트로 등장하는 것이 연역법이다.

a 사람은 언젠가 죽는다.

b 소크라테스는 사람이다.

이러한 정보에서 '그러므로 소크라테스는 언젠가 죽는다.'라는 결론을 끌어내는 것이다.

연역법에는 근거가 되는 정보가 옳으면 당연히 이러한 결론이 나온다는 절대적인 원칙이 있다. 앞에서 소개한 A역 앞 편의점 안내문에 관한 문제(22쪽)는 전형적인 연역법의 사고방식이다.

한편 귀납법에는 절대적인 원칙은 없다. 귀납법은 다양한 정보를 통해 '아마 이렇게 말할 수 있겠지.'라는 식으로 추리하는 것이다.

가위바위보의 예에서는 '여러 상황에서 가위바위보를 하는 초등학생을 봤다.'라는 정보에서 '초등학생은 가위바위보가 무난한 해결책이라고 생각한다(꼭 좋아서 하는 것은 아니다).'라는 결론을 끌어낼 수도 있다.

귀납법적인 사고방식의 재미는 눈앞에 있는 정보를 연결해서 나름대로 결론을 엮어내는 데에 있다. 반면 '당연히 이러한 답이 나오게 된다.'라는 연역법에는 자기 나름의 결론을 만들어 내는 재미는 없다.

앞에서도 이야기했듯이 우리에게 흔한 사고방식 중 하나는 규칙을 개별 사례에 끼워 맞추는 것이다. 그리고 여기에 대비되는 사고방식으로 개별 사례에서 스스로 규칙을 찾아내는 방법이 있다.

우리가 그동안 주로 받아왔던 입시 위주 교육의 사고방식은 말하자면 연역법이다. '규칙이 옳다면 그것을 개별 사례에 끼워 맞춰도 당연히 그렇게 되겠지.'라고 생각하는 방식이다.

우리 사고방식이 대개 연역법이라면, 개별 정보를 통해 규칙을 스스로 결정하는 방법은 귀납법이라고 할 수 있다. 어느 쪽이 더 좋다고는 할 수 없다. 그러나 여러 상황이 복잡하게 변화하는 요즘 사회에서 규칙을 만들어 내는 귀납법은 반드시 익혀 둬야 할 사고법이라고 할 수 있다.

그러면 귀납법적인 능력을 훈련하는 문제를 조금 더 풀어보자.

귀납법적인 생각을
키우는 훈련

문 제

1 지금까지 삶에서 겪은 최악의 실패 세 가지를 나열하고, 왜 실패했는지 그 이유를 생각해 적어보자.

2 1 에서 쓴 이유를 모두 읽어보고 공통점을 찾아 보자. 그러면 아마도 '정말 나답네.', '똑같은 실수를 또 했어.'라는 생각이 들 것이다. 하나여도 좋고 여러 개라도 좋다.

3 2 에서 찾은 공통점 중에서 무엇이든 좋으니 하나를 고른다. 2 에서는 아마도 '단점'이라고 표현했겠지만, 그것을 '그러한 단점이 있기에 가능한 장점'으로 바꿔서 써 보자.

4 3 의 대답을 무언가(물건, 동물, 현상, 무엇이라도 좋다)에 비유해 보자. 왜 그렇게 비유할 수 있는지 이유도 적는다.

해답 예

1
- 하고 싶은 기획이 있었는데 결국 제안하지 못하고 말았다.
  【이유】 실패할까 봐 두려웠다.

- 대학 입시를 준비할 때 가고 싶은 학교가 따로 있었지만,
  부모님의 말씀을 따라 다른 학교에 진학했다.
  【이유】 부모님과 부딪치는 게 싫었고, 부모님 말씀을 들으면
  잘될 거로 생각했다.

- 친구에게 심한 말을 해서 절교당했다.
  【이유】 불만을 평소에 조금씩 표현했으면 됐을 텐데, 좋게좋
  게 넘어가려고만 하다가 결국 폭발했다.

2
정면승부를 피한다. 실패를 지나치게 신경 쓴다. 나 자신을
믿지 못한다.

3
【단점】 실패를 지나치게 신경 쓴다. ➡ 【장점】 실패를 두려워하
는 마음에 있기에 실패하지 않도록 노력할 수 있다.

4
【장점】 실패하지 않도록 노력할 수 있다.
【비유】 백조
【이유】 백조는 우아하게 보여도 수면 아래에서는 발을 열심히 움
직이니까.

공통점에서 '새로운 관점'을 찾아낸다

앞의 문제는 세 가지 실패에서 공통점을 찾아냄으로써 귀납법적인 능력을 익히고 1 2 , 공통점을 다른 각도에서 바라봄으로써 새로운 관점을 체험하며 3 , 무언가에 비유함으로써 개념적인 요소를 독자적인 관점에서 구체화하려는 것이다 4 .

이 문제는 학교나 직장 등에서 여러 가지 문제를 해결해야 할 때나 위기를 기회로 바꾸고 싶을 때 도움이 되는 사고방식이다. 어떤 현상에 대해서도 자기 나름의 관점을 갖기 위한 훈련으로, 자신만의 관점은 뒤에서 다룰 '효과적으로 이야기하는 능력'의 기본이기도 하다.

3 의 '단점을 장점으로 바꾸기'는 쉽지 않을 수도 있다. 이를 위해서는 '나는 절대로 나쁘지 않다.'라고 일단 억지 결론을 내리고, 그 결론에 맞는 구실을 만들어 내는 방법이 있다. 예를 들어 '실패를 지나치게 신경 쓴다.'라면 '실패를 지나치게 신경 쓰는 일은 절대로 나쁘지 않다.'라고 말할 수 있는 근거를 무엇이든 생각해 본다.

4 의 비유 문제는 1장에서 소개한 《생각을 보이게 만들기 Making Thinking Visible》의 3-2-1 Bridge에서 일부 가져온 것이다. 정보를 무언가와 비교하는 일은 그 정보를 자신의 일로 새롭게 받아들인다는 뜻이다. 같은 정보라도 사람에 따라 비유가 매우 다르다. 앞에서 제시한 해답 중에서 '실패하지 않도록 노력할 수 있다.'는 백조에 비유할 수도 있지만, 연필(연필은 심이 튼튼하지만 노력하는 도중에 부러지기도 한다)에 비유할 수도 있다.

그러면 다음 문제로 넘어가 보자. 스스로 규칙을 찾아내는 능력에 대한 응용 문제다.

규칙을 찾아내
이야기를 만드는 능력을
기르는 문제

'그리고 오늘도 붕어싸만코를 먹었다.'로
끝나는 이야기를 400자 이내로 써 보자.

주의할 점

상상력을 풀가동해서 '그리고 오늘도 붕어싸만코를 먹었다.'로 끝나는 이야기를 자유롭게 생각해 보자.

※ 주의
이야기에는 큰따옴표(" ")를 사용해서 대사를 최소한 하나 넣는다.

힌 트

'그리고 오늘도 붕어싸만코를 먹었다.'라는 목표지점에 다다르기 위해 무엇이 필요할지 생각해 보자.

목표지점에 다다르기 위해
무엇이 필요할까?

이 문제의 핵심은 오늘'도' 붕어싸만코를 먹었다는 데 있다. 지난주에도, 어제도, 오늘도 붕어싸만코를 먹은 사람에게는 어떤 규칙이 있을지 생각하는 것이다. 여기서 말하는 규칙이란 붕어싸만코를 그렇게까지 좋아하는 이유, 붕어싸만코를 매일 먹어야만 하는 특별한 사정 등이다. 규칙을 설정하고 나면 어떻게 해야 재미있을지 생각하면서 이야기를 만들어 나간다.

이번 규칙도 지금까지의 문제들과 마찬가지로 스스로 마음에 드는 것을 자신 있게 선택하자. 목적지에 다다르기 위해 어떤 사람은 택시를, 어떤 사람은 버스를 타지만 나는 걸어서 간다는 것과 마찬가지다. 남의 눈치를 볼 필요가 없다. 최종적으로 목적지에 도착하면 되는 것이다.

해답 예

※초등학교 4학년의 작품을 재구성한 것이다.

나는 아이스크림을 별로 좋아하지 않는다. 먹으면 머리가 아프기 때문이다. 그러던 내가 요즘 붕어싸만코에 푹 빠졌다. '붕어싸만코를 먹으면 머리가 좋아진다.'라는 도시 전설을 들었기 때문이다. 처음에 이 이야기를 들었을 때는 '당연히 거짓말이겠지.'라고 생각했지만, 호기심에 한 번 먹어 봤더니 정말로 시험 점수가 크게 올랐다. '더 많이 먹으면 머리가 더 좋아질지도 몰라.'라고 생각해서 더 먹어 봤다. 그랬더니 모든 시험에서 만점을 받고, 그전까지 나를 칭찬해 준 적이 한 번도 없었던 교장선생님이 "똑똑한 학생이구나." 하며 칭찬해 주시고, 글짓기 대회에서도 1등을 해서 조회 시간에 표창장을 받았다. 용돈은 부족해졌지만 엄마께서 머리가 좋아진다면 계속 사주신다고 하셔서 앞으로 용돈은 걱정하지 않아도 될 것 같다. 하지만 먹으면 역시 머리가 아프다. 그래도 멈출 수 없다. 그리고 오늘도 붕어싸만코를 먹었다. (349자)

이야기를 통해 전달한다

내가 발견한 규칙을 왜 굳이 이야기로 만들어야 하는지 잘 이해되지 않을 수도 있다. 하지만 잠시 생각해 보자. 무언가 규칙을 찾아내면 대개 누군가에게 설명하고 싶어진다. 이왕 설명할 거라면 상대방이 수긍하는 쪽이 좋을 것이다. 거기서 필요한 게 바로 '효과적으로 전달하는 능력'이다. 그중에서도 많은 사람이 어려워하는 '이야기(짧은 에피소드)를 전달하는 능력'은 앞으로도 더욱 중요해질 것이라고 본다.

까다로운 이론이나 두서없이 엉망진창인 것 같은 규칙도 짧은 에피소드 식으로 이야기하면 어느 정도 즐기면서 받아들이기가 쉬워진다. 글로벌 시대에 다른 나라와 다른 문화권에서 온 사람들과 소통하기 위해서는 상대방이 받아들이기 쉬운 전달 방법을 찾아야 한다.

이 이야기를 듣고 '내가 무슨 TED 같은 프레젠테이션을 할 것도 아니고….' 라고 생각할 수도 있을 것이다. 하지만 지루한 보고 형태의 프레젠테이션도 이야기를 끼워 넣는 것만으로 분위기가 달라진다. 본론으로 들어가기 전에 이렇게 이야기를 시작해보면 어떨까. "이 프로젝트를 시작할 때 관계자 열 분의 의견을 들었는데 그때의 감동을 잊을 수가 없습니다. 열 분 각자의 열정이 있었기 때문입니다. 그분들의 마음을 하나로 모은 결과가 바로 자료 ○페이지에 있는 업무계획입니다."

이렇게 되면 오직 그 사람만이 이야기할 수 있는 가치가 더해지는 것이다.

이야기하는 능력의 기본은 '대사의 재현'

앞의 붕어싸만코 문제에서는 큰따옴표를 사용해서 누군가의 대사를 넣어야 한다는 조건이 있었다. 대사를 재현하는 것은 이야기할 때 하나의 약속과도 같다.

이야기를 전달할 때 우리가 흔히 하는 방식이 있다. 구체적인 요소를 모두 빼고 이야기를 깔끔하게 정리하는 것이다. 예를 들어 앞의 붕어싸만코 이야기를 우리가 잘하는 방식으로 정리하면 이렇게 된다.

• 붕어싸만코를 먹으면 머리가 좋아진다는 소문은
  사실이었다.

우리는 흔히 누가 무슨 말을 했는지, 어디에서 일어난 일인지 등의 구체적인 사항을 이야기하기보다 간단히 정리해서 이야기하는 것을 더 성숙한 태도라 여긴다. 또 무엇을 어떻게 느꼈는지에 대해 이야기하는 일은 개인적인 것이기 때문에 덜 중요시하기도 한다.

그러나 '붕어싸만코를 먹으면… 사실이었다.'라는 예에서 알 수 있듯이 이야기를 짧게 정리해 버리면 별로 재미가 없어진다. 글로벌 프레젠테이션의 무대에서 왜 스토리텔링 형식이 선호되겠는가? 사람들은 이야기에 매혹되기 때문이다.

다른 사람을 매료하기 위해서는 구체적으로 이야기해야 한다. 이야기에는 생생함이 생명이다. 오랫동안 프레젠테이션을 지도해 오면서 알게 된 것인데, 깔끔하게 요약해서 정리하는 교육을 오랫동안 받아온 이들은 애초에 구체적으로 이야기하는 것에 서툰 듯하다. 구체적으로 하라고 아무리 이야기해도 정리하기의 틀에서 벗어나지 못하는 경우가 많다.

이야기할 때는 다음과 같은 규칙을 반드시 지키자.

- 가능한 한 큰따옴표("")를 사용해서 대사를 넣는다.
- 가능한 한 언제 / 어디서 / 누가 / 무엇을 / 어떻게 했는지 말한다.
- 자신이 어떻게 느꼈는지 말한다.

이렇게 하면 이야기는 구체적으로 될 수밖에 없다. 물론 보고용 프레젠테이션과 같이 제한된 유형으로 빨리 마쳐야 할 때는 대사를 넣지 않아도 되지만, 그 외의 요소는 가능한 한 넣는다.

이야기는 나 자신과 싸움이다. 나이기에 들은 말, 나이기에 느낀 감정, 나만의 시각에서 본 모습을 남김없이 이야기함으로써 자신을 당당히 보여주자.

귀납법에도 한계는 있다

스스로 규칙을 찾아내야 할 때는 귀납법이 효과적이라는 이야기로 돌아가 보자. 우리는 다양한 상황에서 귀납법을 이용한다. 시장조사를 할 때(A, B라는 경향이 있으므로 X라고 할 수 있다), 논문을 쓸 때(C, D, E라는 증거가 있으므로 Y라고 할 수 있을 것이다), 다른 사람을 평가할 때(그 사람은 F만 하니까 분명히 Z일 거야)를 예로 들 수 있다.

사실 귀납법에는 위험도 있다. 귀납법은 어디까지나 눈앞에 있는 정보에서 무언가 공통점이나 법칙성을 찾아내는 방식이다. 눈앞에 있는 정보가 틀리면 거기서 도출하는 공통점이나 법칙성도 무너지게 된다. 그리고 눈앞에 있는 정보가 반드시 옳을 거라 착각하지 않는 일도 중요하다.

귀납법의 함정에 대한 유명한 이야기로 '블랙 스완'이 있다. 옛날부터 유럽인들이 보아온 백조는 모두 흰색이었기 때문에 유럽에서는 백조가 전부 희다고 생각했다. 우리가

1696년 유럽으로 이동해서 귀납법적으로 말한다면 다음과 같을 것이다.

a 어제 본 백조는 흰색이었다.

b 1500년대의 백조도 모두 흰색이었다(라고 책에 쓰여 있다).

c 여러 사람에게 물어봐도 흰색 외의 백조를 봤다는 말은 들어본 적이 없다.

[결론] 백조는 흰색이다.

그러나 1년 후인 1697년(이라고 추정된다), 호주에서 검은 백조(흑조)가 발견된다. 백조는 흰색이라는 서양에서 오랫동안 통용되던 상식이 한순간에 뒤집힌 것이다. 귀납법적으로는 정답이었던 '백조는 희다.'라는 결론이 틀렸다는 것을 알게 되었다.

앞에서 '사람의 상상에는 한계가 있음을 상상할 수 있는 것이 중요하다.'라고 했는데, 블랙 스완의 이야기도 마찬가지다. 자신의 눈앞에 있는 정보가 전부라고 생각해서는 안 된다. 자신이 가진 정보가 흰색뿐이라고 해서 흰색 외에는 없다고 말할 수 있을까? 흰색 외에는 존재하지 않는다는 걸 증명할 수 없는 한 '흰색뿐이다'라고는 말할 수 없다.

귀납법은 각자 해석하는 바에 따라 다르므로 정답은 없다. 그렇기에 단점도 있다. 앞에서 이야기의 전달에 대해 이야기했듯이, 프레젠테이션 속의 이야기에는 '여기에서는 ○○라는 결론을 끌어낼 수 있다.'라는 촌스러운 결말은 없다. 듣고, 음미하고, 그 이야기를 어떻게 해석할지는 듣고 있는 각자의 자유에 맡긴다.

이러한 방식은 강요하지 않는다는 장점도 있지만, 프레젠테이션을 한 사람이 A라는 결론을 끌어냈으면 좋겠다고 생각해도 듣는 사람들은 B나 C, 또는 Z라는 결론을 생각할 가능성도 있다.

PART 3

최고의 질문을
찾아낸다

Basis for complex problem Solving

최고의 질문을
찾아내는 문제

처음으로 방문한 외국에서
원인불명의 병에 걸려
현지 의사에게 진찰을 받게 되었다.

문 제

이 의사가 신뢰할 수 있는 사람인지, 질문을 통해 파악하고자 한다.
질문은 한 가지만 할 수 있다. 어떤 질문을 하겠는가?

※ 주의
• 이 문제에도 정답은 없다.

힌 트

그 질문을 함으로써 무엇을 얻을 수 있는지 잘 생각해 보자.

효과적인 질문을
어떻게 생각해 낼 것인가?

'이 질문이면 되겠구나.' 하는 생각이 바로 떠올랐는가? 아니면 고민하다가 점점 더 알쏭달쏭하게 되었는가?

이번에는 '신뢰할 수 있는 의사인지 파악한다.'라는 과제만 해결하면 된다. 여기서 이 문제를 어떻게 해석할 것인지, 다시 말해 신뢰할 수 있다는 게 구체적으로 어떤 뜻인지가 중요한 핵심이 된다. 자세한 내용은 뒤에서 설명하겠다.

해답 예

- 만약 이 병원에서 제 병을 치료하지 못할 경우, 어떻게 되나요?
- 선생님과의 대화를 녹음해도 될까요?

질문은 '무엇을 위해 묻는가?'라는 목적(과제)이 생명이다. 질문의 목적을 어떻게 판단해야 할지, 효과적인 질문은 어떻게 생각해 내는 것인지, 그리고 어떻게 하면 더 자신 있게 질문할 수 있을지, 이 장에서는 이러한 질문 능력을 향상키는 법에 대해 알아보자.

누구에게나 질문은 어렵다

여러분은 평소 수업이나 강의, 회의, 병원 진료, 또는 친구와 수다를 떠는 자리에서 질문을 얼마나 많이 하는가?

아마도 거의 질문하지 않는 경우도 많을 것이라고 본다.

실문을 하지 않는 이유는 다양하다. 질문할 분위기가 아닐 수도 있고 '좀 바보 같아 보이지 않을까' 하는 흔한 이유일 수도 있다. 그러나 굳이 질문하지 않아도 되는 경우라면 괜찮지만, 질문해야 할 때 제대로 질문하지 못하면 곤란하다. 또한 효과적으로 질문하지 못하는 것도 좋지 않다.

일상 업무나 사회생활에서도 질문이 많으면 그다지 환영받지 못한다. 주로 상명하달식 교육을 받다 보니 질문하는 것에 익숙하지 않은 분위기도 있을 것이다. 이는 물론 사회와 교육의 영향이 크다.

하지만 우리 사회뿐 아니라 질문하는 분위기가 잘 정착되어 있을 것 같은 서구 문화권, 특히 미국에서도 도대체 뭘 질문해야 좋을지 모르겠다는 사람은 꽤 많다. 그런 이들을 질문할 줄 아는 사람으로 만들기 위해 개발된 것이 바로 미국의 교육 현장에서도 높이 평가되는 QFT, 즉 '질문 만들기 기술(Question Formulation Technique)'이다.

질문할 줄 안다는 것은 스스로 생각한다는 증거

질문을 시작하기 전에 우선 명심해야 할 점은 절대적으로 옳은 질문이란 없다는 것이다. 이 점은 《자신만의 질문하는 법 가르치기 Make Just One Change: Teach Students to Ask Their Own Questions》(단 루스스테인·루스 산타나 지음, 하버드 교육출판)에서도 강조하고 있다.

질문은 누가 어떤 상황에서 무엇을 위해 하느냐에 따라 좋을 수도 있고 나쁠 수도 있다. 좋은 질문, 효과적인 질문이란 상황과 목적에 따라 필요한 질문, 스스로 만족할 수 있는 질문이다.

이 책에서 질문할 줄 아는 사람을 길러내려는 이유를 '더 좋은 민주주의 사회를 만들기 위해서'라고 말한다. 효과적으로 질문할 줄 알면 효율적인 정보 수집을 하게 되고, 스스로 만족할 수 있는 질문을 만들어 낸다는 것은 자신의 머리로 확실하게 생각할 줄 안다는 뜻이 된다. 이처럼 확실한 정보를 갖고 제대로 생각할 줄 아는 사람이 늘어나면 민주주의는 더욱 발전한다는 것이다. 이쯤 되면 국가를 넘어 세계를 위한 전략이다.

효과적인 질문을 생각해 낸다는 것은 제대로 생각할 줄 안다는 뜻이다. 따라서 생각하는 능력을 훈련할 때 질문하는 능력은 반드시 필요하다.

무언가에 관심을 두는 일과 자기 나름의 관점을 갖는 것은 모두 질문에서부터 시작된다. 예를 들어 우연히 귓가를 스친 곡이 좋다는 생각이 들어서 '이건 누구의 무슨 곡일까?' '이 가수는 어떤 사람일까?'라는 질문이 머릿속에 떠올랐다면, 관심을 두기 시작했다는 증거다. 또는 교통사고 뉴스를 듣고 기분이 가라앉았을 때 그런 기분만으로는 어떤 '관점'이 생겨나지 않지만, '왜 내 기분이 가라앉았을까?', '이런 사고는 어떻게 하면 없어질까?'와 같은 질문을 자신에게 던지기 시작하면 관점이 생긴다.

질문은 스스로 생각한다는 것에 큰 의의가 있다. 경영의 아버지라 불리는 피터 드러커는 그의 책《경영의 실제 The Practice of Management》에서 경영이 잘 안 될 때 가장 큰 요인은 올바른 답을 찾지 못해서가 아니라 올바른 질문을 하지 못하기 때문이라고 말한다.

나만의 길을 만들고 싶다면 남의 질문에 열심히 답하기만 해서는 안 된다. 타인의 질문은 그 사람의 입장과 목적에 맞춰 나온 것이기 때문이다. 물론 답하지 않아도 된다고 내던질 수도 있다. 그러나 스스로 만들어 낸 질문은 다르다. 소중한 내 질문이기에 반드시 답을 찾아내겠다는 의지도 생겨난다.

그럼 이제부터 96쪽의 '의사에게 질문하기' 문제를 풀어 보면서 효과적인 질문을 생각해 내는 순서를 알아보자. 이는 앞서 소개한 하버드대학교의 '질문 만들기 기술'을 토대로 하여 만든 것으로, 일부 내용을 변형했다.

이 순서는 질문하기 전에 최소한 15분 정도의 준비 시간이 있을 때 적합하다. 반복하다 보면 질문 능력이 향상되어 갑자기 질문하라는 요청을 들었을 때도 당황하지 않게 될 것이다.

효과적인 질문을 만드는 8단계

효과적인 질문은 아래와 같은 8단계로 만들어진다. 각 단계의 내용은 모두 글로 써 보자. 종이에 적어도 좋고 스마트폰이어도 괜찮다.

'의사에게 질문하기' 문제는 이러한 단계를 이용해서 풀수 있다.

1단계 상황을 이해한다.

2단계 질문을 쓰고, 또 쓴다.

3단계 2단계에서 쓴 질문을 두 가지 유형(폐쇄형과 개방형)으로 나눈다.

4단계 폐쇄형은 개방형으로, 개방형은 폐쇄형으로 각각 바꾼다.

5단계 각 질문을 통해 무엇을 알 수 있을지 생각한다.

6단계 각 질문을 할 때 일어날 수 있는 최악의 상황을 생각한다.

7단계 무엇을 위해 질문하는 것인지 목적을 생각한다.

8단계 7단계의 목적에 맞는 질문을 선택한다.

맨 처음 무엇에 관한 질문을 해야 하는지 상황을 이해한다

'의사에게 질문하기' 문제에서는 낯선 나라에서 원인불명의 병에 걸렸기 때문에 의사가 신용할 수 있는 사람인지 알고 싶은 경우이므로, 질문이 필요한 상황이 확실하다. 그러나 여러분이 일상 속에서 무언가 질문해야 할 때는 상황이 그보다 더 복잡하고 모호할 것이다. 예를 들어 상대방이 어떤 것을 설명한 후 "질문 있나요?"라고 물어본다거나, 회의에서 뭔가 질문을 해야만 할 때 등이 있을 것이다.

여기에서는 이 '뭔가'가 문제다. '뭔가'라고 해서 아무거나 질문해도 된다는 뜻은 아니기 때문이다.

앞에서도 이야기했듯이 질문이란 누가 어떤 상황에서 무엇을 위해 하는지가 핵심이다. 그러므로 우선 상황을 잘 파악하자.

이를테면 "우리 회사에서 앞으로 영어를 공용어로 쓴대. 글로벌화를 위해서라는데."라는 말을 들었다고 하자. 그 일로 다음 주에 부서 회의가 열릴 예정이고, 이왕 회의에 참석할 것이라면 효과적인 질문을 하고 싶은 상황이다.

여기시 더 자세히 상황을 파악해 보자. 지금 아는 사실은 언제(앞으로), 누가(우리 회사가), 무엇을 어떻게 한다(영어를 공용어로 쓴다), 왜(글로벌화를 위해서)뿐이다. 상황을 파악할 때는 이처럼 5W1H(언제, 어디서, 누가, 무엇을, 어떻게, 왜) 중 몇 가지가 해결되었는지 확인한다. 여기서 '언제'는 '앞으로'라고만 되어 있어서 애매하다. 이처럼 5W1H의 내용이 모호하거나 알 수 없는 경우에는 더 조사해서, 가령 '내년부터', '우선 임원 회의를 영어로 진행하는 데에서 시작한다(어떻게).' 등 구체적인 내용을 알아본다.

그러면 다음 단계의 워밍업으로 아래 문제에 한 번 대답해 보자. 질문을 많이 생각해 내는 것을 연습하기 위한 문제다.

문제

Q. 종이 클립이 한 개 있다. 무엇이든 좋으니 이 클립에 관한 질문 20가지를 생각해서 적어보자.

'이런 질문은 너무 시시한데.' 혹은 '이런 바보 같은 질문을 하면 안 되겠지.' 하는 생각은 버리자. 질문의 형식을 갖추고 있으면 무엇이든 괜찮다. 문장이 끝날 때마다 반드시 물음표를 붙여보자.

해답 예

- 이 클립은 누구의 것일까?
- 이 클립은 어느 나라의 제품일까?
- 이 클립을 곧게 펴면 몇 센티미터일까?
- 클립이라는 물건은 언제 누가 고안했을까?
- 사람은 평생 클립을 몇 개 사용할까?
- 클립을 가장 많이 사용하는 직업은 무엇일까?

⋮

20개의 질문을 모두 완성했는가? 그러면 효과적인 질문을 만드는 방법을 다음과 같은 단계로 실행해 보자.

상황에 관한 질문을 쓰고, 쓰고, 또 쓴다

상황을 이해한 다음에는 그 상황에 관한 질문을 생각나는 대로 써본다. '어쩐지 궁금하네.', '그 부분을 알고 싶어.'와 같은 막연한 생각을 질문으로 만들어 보자.

질문을 만들 때는 몇 가지 주의할 점이 있다.

(1) 그 상황에 관계된 질문이라면 무엇이라도 좋으니 일단 많이 적는다

질문의 양이 많아야 취합한 후 적당한 것을 고를 수 있다. 이치에 맞지 않는 엉뚱한 질문이라도 두려움 없이 내놓자.

(2) 자신의 질문에 가치를 매기지 않는다

시시한 질문, 똑똑해 보일 것 같은 질문, 시시콜콜한 질문, 애매한 질문, 상대방이 화낼 것 같은 질문, 순수하게 궁금한 질문 등 어떤 것이든 좋다.

(3) 질문에 답하려 하지 않는다

대답에 대한 단서를 인터넷 등에서 찾아보는 것도 안
된다.

⑷ 머릿속에 떠오른 그대로 쓴다

'이렇게 질문하면 좀 똑똑해 보이지 않을까?' 하는 마
음을 제어할 수 있다. 나의 의견을 상대방이 어떻게 받
아들일지 의식하지 말자.

⑸ 답을 아는 질문은 안 된다

뻔한 대답이 나올 수 있는 질문, 상식적인 수준에서
대답할 수 있는 질문 등은 도움이 되지 않는다.

⑹ 반드시 의문문으로 쓴다

마지막에 물음표를 붙이면 일부러 그렇게 만들려 하지
않아도 저절로 의문문이 된다.

어떤 질문을 해야 할지 잘 떠오르지 않을 때는 5W1H
외에도 효과, 정의, 이미 취한 대책, 비슷한 사례, 누가 이

득을(손해를) 보는가, 실현되면 어떤 일이 일어날까 등 다양한 방향으로 생각의 폭을 넓혀가면 좋다.

예시

Q. 글로벌화의 하나로 내년부터 우리 회사가 사내 공용어를 영어로 바꾼다.'라는 상황에 관한 질문

- '공용어'의 정의는?

- '사내'의 정의는?

- 의사소통이 되지 않으면 어떻게 할 것인가?

- 영어를 사용하지 않으면 불이익이 있는가?

- 영어를 사용하는 게 '글로벌화를 위해서'라고 하는데, 정말 그게 목적인가?

- 영어를 잘하지 못해 우울증에 걸려서 휴직하면 병가로 인정되는가?

각 질문 사이에 여러 줄의 공간을 두면 나중에 질문에 대한 보충이나 삭제 등의 작업이 쉬워진다.

2단계에서 쓴 질문을
두 가지 유형(폐쇄형과 개방형)으로 나눈다

질문에는 크게 두 종류가 있다. 하나는 폐쇄형(closed-ended)으로, '예/아니오'로 대답할 수 있는 질문 또는 대답이 한마디로 완결되는 질문이다. 다른 하나는 개방형(open-ended)으로, '왜'나 '어떻게' 등 대답이 얼마든지 발전해 나갈 수 있는 유형의 질문이다.

이렇게 말하면 폐쇄형보다 개방형 질문이 더 수준 높다고 생각할지 모르지만, 전혀 그렇지 않다. 어느 질문이 더 효과적인지는 때와 장소에 따라 달라진다.

이를테면 중요한 업무 미팅에서 돌아온 후배에게 "미팅 어땠어?"라고 묻는다고 하자. 이 질문은 개방형이다. 이렇게 물으면 후배는 "아 정말, A씨가 지각을 해서요…"라고 잡담 같은 이야기를 길게 늘어놓을 수도 있고, "다음 주에 그쪽 부장님과 만나게 됐어요. 그 외에 결정된 사항은…." 하고 업무에 필요한 정보만 말할 수도 있다.

개방형 질문은 대답하는 쪽에 어느 정도 자유를 주기 때문에 하이 리스크 하이 리턴인 질문이라고 할 수 있다.

반면 같은 후배에게 "미팅에서 다음 절차는 결정됐어?"(폐쇄형)라고 물으면, 절차가 결정됐는지 여부는 확실하게 알 수 있다. 그러나 그 외의 내용은 듣지 못할 수도 있다.

이처럼 한 가지 기준을 제시하자면 초점이 명확한 대답을 원할 경우(또는 이야기가 다른 곳으로 새기를 바라지 않을 경우)에는 폐쇄형, 일단 여러 가지 정보를 원할 때(또는 상대방이 말을 많이 하기를 바랄 경우)에는 개방형 질문을 한다고 생각하면 된다.

이제 2단계에서 적은 질문들을 각각 폐쇄형과 개방형으로 나눠 보자. 자신이 정말로 알고 싶은 게 뭔지 명확히 하기 위한 준비 작업이다.

폐쇄형은 C, 개방형은 O, 폐쇄형도 될 수 있고 개방형도 될 수 있는 질문은 C/O로 표시한다. 무엇이 C이고 무엇이 O인지 절대적인 정답은 없다. 대답이 '한 마디'로 끝나느냐 아니냐는 각각의 사정에 따라 달라지는 것이다.

예시

Q. 글로벌화의 하나로 내년부터 우리 회사가 사내 공용어를 영어로 바꾼다.'에 관한 폐쇄형/개방형 질문

※폐쇄형 질문 (C) 개방형 질문(O)

- '공용어'의 정의는? (C)
- '사내'의 정의는? (C)
- 의사소통이 되지 않으면 어떻게 할 것인가? (O)
- 영어를 사용하지 않으면 불이익이 있는가? (O)
- 영어를 사용하는 게 '글로벌화를 위해서'라고 하는데, 정말 그게 목적인가? (C/O)
- 영어를 잘하지 못해 우울증에 걸려서 휴직하면 병가로 인정되는가? (C)

여기서 잠시 설명하겠다. '영어를 사용하지 않으면 불이익이 있는가?'는 예/아니오 질문이므로 폐쇄형처럼 보일 수 있지만 '어떤 경우에 영어를 사용하지 않으면 불이익이 있는가?', '애초에 어떤 불이익을 주는 일이 가능한가?', '어떻게 확인할 것인가?' 등으로 발전할 수 있으므로 개방

형 질문이다.

이처럼 C와 O로 나눌 때는 실제로 질문해 보면 어떤 대답이 돌아올지를 구체적으로 상상하면 나누기 쉬워진다.

또한 '글로벌화를 위해서라고 하는데, 정말 그게 목적인가?'가 C/O인 이유는 이 질문을 통해 들을 수 있는 대답이 "네, 그렇습니다."로 짧게 끝날 수도 있고 "글로벌화의 정의부터 이야기해야겠군요."와 같이 복잡해질 수도 있기 때문이다.

폐쇄형인지 개방형인지 생각하는 동안 질문을 바꾸고 싶어지는 경우도 있다.

예를 들어 '공용어의 정의는 뭔가요?'라고 실제 상황에서 질문하는 장면을 떠올려 보자. 이때 "공용어란 사내에서 공식으로 사용할 목적으로 정한 언어입니다."와 같이 사전적인 정의와 같은 대답이 돌아올 수 있다.

그러나 우리는 이런 대답을 듣고 싶은 게 아니다. 평상시의 가벼운 업무, 예를 들어 "이거 복사 좀 해 줄래요?"와 같은 수준의 대화까지 영어로 해야 하는지 알고 싶은 것이다.

따라서 질문할 때는 표현을 '평상시의 가벼운 업무 대화까지 영어로 해야 하는가?'와 같이 구체적으로 해서 원하는 정보를 더욱 확실하게 얻어내도록 한다.

STEP
4 **폐쇄형은 개방형으로, 개방형은 폐쇄형으로 바꾼다**

폐쇄형(C)인 질문을 개방형으로, 개방형(O)인 질문은 폐쇄형으로 바꿔 보자.

폐쇄형에서 개방형으로 바꾸는 예는 다음과 같다.

- '사내'의 정의는? (C)
  → 사외 사람도 참여하는 프로젝트나 회의 등에서는 어떻게 할 것인가? (O)

여기에도 절대적인 정답은 없다. 개방형에서 폐쇄형으로 바꿀 때는 '이를테면 이 질문에 대한 대답이 ~라고 하고…' 정도로 생각하면 좋다.

개방형에서 폐쇄형 질문으로 바꾼다면 다음과 같을 것이다.

- 영어를 사용하지 않으면 불이익이 있는가? (O)
  → 영어를 사용하지 않아서 불이익을 당하는 것은 구체적으로 어떤 경우인가? 어떤 불이익을 당하게 되는가? (C)

이처럼 질문이 여러 개라도 괜찮다. 구체적으로 무엇을 묻고 싶은지 자신에게 질문하면 개방형에서 폐쇄형으로 바꾸기가 쉬울 것이다.

3단계의 C/O 질문의 경우, 초점이 더욱 명확한 답을 얻을 수 있도록 질문을 바꾼다. 예를 들면 다음과 같다.

- 영어를 사용하는 게 '글로벌화를 위해서'라고 하는데, 정말 그게 목적인가? (C/O)
  → '글로벌화'의 구체적인 정의는 무엇인가? (C)

실제로 해 보면 알겠지만 폐쇄형 질문이니 개방형 질문이니 고민하면서 양쪽을 오가다 보면, 자신이 정말로 무엇을 알고 싶은지, 그리고 그 질문을 통해 어떤 정보를 얻을 수 있는지가 더욱 확실해진다. 그럼 이제 다음 단계로 넘어가 보자.

STEP
5 **각각의 질문을 통해 무엇을 알 수 있을지 생각한다**

4단계에서 막연하게나마 알게 된 '이 질문을 하면 어떤 정보를 얻을 수 있을까?'를 이번에는 말로 표현해 본다.

'어떤' 정보인지는 대강 말해도 괜찮다. 이를테면 다음과 같다.

- 평상시 가벼운 업무 대화까지 영어로 해야 하는가?

  → [알게 되는 것] '평상시 업무'라는 것은 무엇인가?

폐쇄형 질문과 개방형 질문에서 알게 되는 것이 서로 다른 경우도 있고, 그다지 다르지 않은 경우도 있다. 다르지 않을 때의 예는 다음과 같다.

- '사내'의 징의는? (C)
- 사외 사람도 참여하는 프로젝트나 회의 등에서는 어떻게 할 것인가? (O)

  → [알게 되는 것] '사내'의 구체적인 의미는 무엇인가?

폐쇄형이냐 개방형이냐에 따라 '알게 되는 것'이 달라지는 예는 다음과 같다.

- 의사소통이 되지 않으면 어떻게 할 것인가? (O)

  → [알게 되는 것] 구체적으로 어떤 일이 발생하는가?
- 의사소통이 잘 되고 있는지 어떻게 확인할 것인가? (C)

  → [알게 되는 것] 영어를 공용어로 삼는 경우의 문제점
  애초에 실현할 수 있는지 여부

이처럼 '알게 되는 것'이 한 개 이상이어도 괜찮다.

질문했을 때 일어날 수 있는 최악의 상황을 생각한다

다음으로는 질문했을 때 일어날 수 있는 최악의 상황을 생각해 본다. 아무리 효과적인 질문이라도 누군가를 크게 화나게 해서 돌이킬 수 없는 상황을 만들면 안 된다. 각 질문을 폐쇄형이나 개방형으로 만들 때에는 '만약 이 질문을 하면 어떨까?' 하고 곰곰이 생각해 보자.

예를 들어 '영어를 잘하지 못해 우울증에 걸려서 휴직하게 된다면 병가로 인정되는가?'라는 질문을 했을 때 일어날 수 있는 최악의 상황을 생각해 보자. 다음과 같은 상황이 있을 수 있다. 사내에서 시끄러운 갑질 문제를 더욱 들쑤셔 관리부를 화나게 만들어 일하기가 힘들어지는 것이다.

최악의 상황을 적고 나면 그 상황에 자신이 대처할 수 있을지 생각해 본다. 대처할 수 없다는 생각이 든다면 그 질문은 줄을 그어서 지운다.

'나 자신의' 질문을 제대로 할 수 있게 된다는 것은 내가 한 질문에 책임을 질 수 있다는 뜻이다. 질문하기 전에는 우선 질문하려는 내용이 정말 궁금했던 것이고, 그것 때문에 좋지 않은 일이 생겨도 감당할 수 있다는 확신이 없다면 그 질문은 하지 않는 게 좋다.

무엇을 위해 질문하는 것인지 목적을 생각한다

앞에서도 여러 번 강조했듯이 질문은 누가 어떤 상황에서 무엇을 위해 하느냐가 핵심이다. 어떤 상황인지를 우선 이해하고, 어떤 질문이라면 책임질 수 있을지 지금까지 생각해 왔다. 남은 일은 무엇을 위해 질문하는지 생각하는 것이다.

평소에 질문의 목적을 의식하고 질문한 적이 있는가? 그리고 질문을 했더니 이야기가 생각지도 못한 방향으로 흘러가 버렸던 적은 없는가?

이런 일이 일어나지 않도록 하기 위해서는 무엇을 위해 질문하는지 의식하는 습관을 들여야 한다. '나는 ○○를 위해 질문하고 있다.'라는 자각이 있으면 이야기가 다소 복잡하고 귀찮아져도 '내 목적을 위해서'라고 생각할 수 있고, 무엇보다 스스로 질문에 더욱 자신감을 가질 수 있다.

'영어를 공용어로 하는 문제'의 예로 다시 돌아가 보자. 자신이 회사 직원이라면 무엇을 목적으로 삼겠는가? 목적이라는 말이 너무 거창한 것 같다면 질문을 통해 원하는 것 한 가지를 얻어낼 수 있다면 무엇을 얻어낼 것인지 자신에게 물어본다. 얻어내고 싶은 것은 무엇인가? 안정된 회사생활? 상사의 눈에 드는 일? 영어 공용화에 대한 제안이 얼마나 이상한지 한 명이라도 더 많은 사람에게 알리는 일?

자신이 바라는 게 아무것도 없다고 생각한다면, 앞으로 내 주변의 환경(이 경우는 회사)이 어떻게 되기를 바라는지, 나는 어떤 사람으로 보이고 싶은지, 내가 반드시 해야만 하는 일은 무엇인지 등을 생각해 보자. 이렇게 생각해서 얻은 대답은 '질문의 목적'에 대한 중요한 힌트가 된다.

예를 들어 얻어내고 싶은 단 한 가지가 '안정된 회사생활'이라면, 질문의 목적은 회사가 더욱 신중히 결정할 수 있도록 만들기, 공용어가 영어가 되어도 내가 회사생활을 잘 해 나갈 수 있는지 판단하기 등이 될 것이다.

또는 얻어내고 싶은 것이 '능력 없어 보이지 않기'일 수도 있다.

이처럼 드러내놓고 말하기가 조금 곤란한 일이 내가 얻어내고 싶은 것이라고 해도 부디 '나는 참 간사한 인간이구나.'라며 자책하지 않길 바란다. 단지 능력 없어 보이고 싶지 않다는 것도 나쁜 생각은 아니지 않은가? 능력 없어 보이지 않는 일은 자기 자신의 가치를 낮추지 않기 위한 일종의 처세술이다. 자신에게 중요한 일은 중요하다고 인정하자. 이것을 인정하면 내가 하는 질문에도 자신감을 가질 수 있게 된다.

질문의 목적을 말로 표현할 때는 이 외에도 주의해야 할 점이 세 가지 있다. 첫째는 목적을 한 가지로 좁히는 일이고, 둘째는 목적을 부정형으로 말하지 않는 것이다. 예를 들어 '회의 자리에서 능력이 없는 것처럼 보이지 않기'와 같은 것은 안 된다. 능력이 없어 보이지 않는 게 목적이라면, 극단적으로 이야기해서 '특이한 사람으로 보이는 것은 괜찮다(특이한 것과 무능력한 것은 다르므로).'가 될 수 있다.

부정문으로 말하면 '그 외에는 뭐든지 괜찮다.'가 되기 때문에 목적이 불분명해진다. 그러므로 '능력 없어 보이지 않는 것'과 같은 부정문은 '똑똑하게 보일 것' 등의 긍정문으로 바꾸자.

세 번째로 주의할 점은 말을 확실히 정의하는 일이다.

여기서 이 장 첫머리의 문제로 돌아가 보자. '외국에서 원인불명의 병에 걸려 현지 의사에게 진찰을 받게 되었다. 이 의사가 신뢰할 수 있는 사람인지 파악하기 위해 질문을 해 보자.'라는 문제다.

이 문제에서 질문의 목적은 '신뢰할 수 있는 의사인지 파악하기'인데, '신뢰할 수 있는 의사'라는 말은 사실 여러 가지로 해석할 수 있으므로 좀 더 명확히 정의할 필요가 있다. 실력이 좋은 의사인지, 아니면 성실한 의사(거짓말을 하지 않는 의사)인지, 또는 일 처리가 꼼꼼한 의사(진료 시에 얻은 자료를 나중에 우리 의사에게 보내주는 것 등)인지를 확실히 정의하지 않으면 목적이 불분명해져 효과적인 질문을 할 수 없게 된다.

99쪽의 해답 예에 있는 "만약 이 병원에서 제 병을 치료하지 못할 경우, 어떻게 되나요?"라는 질문은 '신뢰할 수 있는 의사'를 '일 처리가 꼼꼼한 의사'로 정의한 후의 질문이다.

한편 "선생님과의 대화를 녹음해도 될까요?"라는 질문은 '신뢰할 수 있다.'를 '성의가 있다.'라고 정의한 후의 질문이다. 녹음을 허용한다면 성의 있는 의사라 생각하고, 거부한다면 성의가 부족한 의사라고 판단할 수 있다고 생각한 것이다.

STEP 8 질문의 목적에 부합하는 질문을 고른 후 그 근거를 생각한다

자, 이제 마지막 단계다. 지금까지 만든 질문 목록의 여백에다가 7단계에서 찾아낸 '질문의 목적'을 써 보자. 만약 질문의 목적이 '영어를 공용어로 삼는다는 안이 얼마나 현실적인지 판단하는 것'이라면 다음과 같이 될 것이다.

Q. **'글로벌화의 하나로 내년부터 회사가 사내 공용어를**
　　영어로 바꾼다.'에 관한 최종 질문

[목적] 영어를 공용어로 삼는다는 안이 얼마나 현실적인지
　　　 판단한다.

　＊ 최악의 상황을 고려한 결과 대처할 수 없다고 판단한 질문은
　　 줄을 그어 지웠다.

- **'공용어'의 정의는?** (C)

　[변경] 평상시 가벼운 업무 대화도 영어로 해야 하는가? (C)

　[알게 되는 것] 평상시 업무가 어떻게 될 것인가?

　➡ 영어에 대한 수요가 있는 것은 알지만, 공용어로 삼을 필
　　 요가 있는가? (O)

　　[알게 되는 것] 공용어화의 필요성

- **'사내'의 정의는?** (C)

　➡ 사외 사람들도 참여하는 프로젝트나 회의 등에서는 어
　　 떻게 할 것인가? 사내 사람들이 회사 외부에서 여는 미
　　 팅에는 적용되지 않는가? (O)

　　[알게 되는 것 (C / O 모두)] '사내'의 구체적인 의미

- **의사소통이 되지 않으면 어떻게 할 것인가?** (O)

　[알게 되는 것] 구체적으로 어떤 일이 일어나는가?

➡ 의사소통이 잘 되고 있는지 어떻게 확인할 것인가? (C)

[알게 되는 것] 영어를 공용어로 삼을 경우의 문제점과 애초에 실현할 수 있는지 여부

• **영어를 사용하지 않으면 불이익이 있는가?** (C)

➡ 영어를 사용하지 않아서 불이익을 당하는 것은 구체적으로 어떤 경우인가? 어떤 불이익이 있는가? (C)

[알게 되는 것(C/O 모두)**]** 얼마나 구속력이 있는가? 실현할 수 있는가?

• '글로벌화를 위해서'라고 하는데, 정말 그것이 목적인가? (C/O)

[알게 되는 것] (희망하는 바로는) 회사의 진짜 목적

➡ '글로벌화'의 구체적인 정의는? (초점이 더 명확한 질문)

[알게 되는 것] 글로벌화의 의미

• 영어를 잘하지 못해 우울증에 걸려서 휴직하면 병가로 인정되는가? (C)

[알게 되는 것] 회사가 어디까지 사원을 보호해줄 것인가?

➡ 영어가 공용어가 된 후 건강이 나빠지면 '영어가 원인'임을 어떻게 증명할 것인가? (O)

[알게 되는 것] 만일의 경우 어떻게 증명할 것인가?

다음으로 목록 중에서 '질문의 목적'을 달성할 수 있을 것 같은 질문 세 개를 골라 보자. 5단계에서 생각한 '알게 되는 것'도 고려하면서 목적에 가장 가까이 갈 수 있는 질문 세 가지를 선택한다.

선택하는 질문의 개수는 상황에 따라 하나여도 좋고 네 개여도 좋다. 그러나 하나만 고르면 만일 누군가가 똑같은 질문을 할 경우 난처해진다. 네 개 이상 고르면 범위가 지나치게 넓어져서 정말로 무엇을 묻고 싶은지 모호해질 수도 있다.

여기서 질문의 목적이 '영어를 공용어로 삼는다는 안이 얼마나 현실적인지 판단하는 것'일 때, 질문으로 '평상시 가벼운 업무 대화도 영어로 하는가?', '사내 사람들이 회사 외부에서 여는 미팅에는 적용되지 않는가?', '의사소통이 잘 되고 있는지 어떻게 확인할 것인가?' 이렇게 세 가지를 골랐다고 하자.

선택한 다음에는 왜 그런 질문을 선택했는지 근거를 생각한다.

'평상시 가벼운 업무 대화도 영어로 하는가?'를 선택한 근거로는 '모든 의사소통을 영어로 하는 게 아마도 실제로는 쉽지 않을 것이므로, 이 질문을 함으로써 회사의 계획에 현실성이 있는지 판단할 수 있다.'를 들 수 있다.

'의사소통이 잘 되고 있는지 어떻게 확인할 것인가?'를 선택한 근거로는 '아무리 영어를 사용하도록 강요한다 해도 의사소통이 잘 안 되면 의미가 없다. 이 질문을 함으로써 회사의 계획이 정말 현실적인지 판단할 수 있다.' 등이 있을 것이다.

상황에 따라서는 하나씩 제거해가는 소거법으로 질문을 좁혀 나갈 수도 있다. 예를 들어 실제로는 '영어를 사용하지 않아서 불이익을 당하는 것은 구체적으로 어떤 경우인가? 어떤 불이익이 있는가?'라고 질문하고 싶지만, 그러기에는 왠지 눈치가 보이는 경우, 왜 그런 것 같은지 생각해 본다. 그러면 예를 들어 '이렇게 질문하면 내가 영어를 못한다고 인정하는 것 같아서 조금 곤란해지지 않을까?' 등의 근거가 떠오를 수 있다.

어떤 질문을 선택하느냐 하는 것도 결국 하나의 '의견'이다. 의견의 설득력을 좌우하는 것은 근거이므로 왜 그 질문을 선택하는지(또는 왜 선택하지 않는지) 차근차근 생각해보자.

마지막으로 약간은 결이 다른 문제를 내보겠다. 조금만 더 집중해보자.

상대방의 문제에 관한
최고의 질문

"A 씨가 과자를 가져왔는데 사람 수보다 모자랐어.
뭐, 나는 안 먹어도 상관은 없었어.
그런데 A 씨가 난데없이 두 개를 먹고 싶다는 거야.
A 씨는 왜 그런 말을 했을까? 사람 수보다 모자란
걸 알면서.
그래도 결국 B 씨가 자기는 많이 안 먹는다면서
자기 과자를 반 잘라서 나한테 줬어. 그런데
갑자기 분위기가 어색해지는 거야. 그래서
'애초에 과자를 안 가져왔으면 좋았을걸.'이라고
생각했어. 나, 어떻게 해야 했던 걸까?"

어떤 사람이 이런 이야기를 했다.

이 사람에게 질문을 단 한 가지만 해서 속을 후련하게 만들어
주자.

※ 주의
• 이 문제에도 정답은 없다.

이 사람에게 '속이 후련하다.'라는 것은 어떤 의미일까?

무엇이 문제인지 알 수 없는
문제를 풀어낸다

간단한 설명을 먼저 하겠다. 이번 질문의 목적은 '사람의 속을 후련하게 만들어 주는 일'이다. 앞에서 배운 효과적인 질문을 만드는 방법을 사용해도 좋고, 무엇을 어떻게 해야 속이 후련하다고 느낄지 생각해 보면서 문제를 풀 수도 있다.

이 사람은 '내가 ○○해야 했다.'라는 식으로 좀 더 구체적으로 해야 할 일을 알게 되면 속이 후련해질 것이다. 어떻게 해야 할지 모른다는 것은 최종적으로 내가 어떻게 되었으면 좋겠는지, 상황이 어떻게 되었으면 좋겠는지를 잘 모르는 경우가 많으므로 "결국 어떻게 되는 것이 가장 최선이라고 생각했어?"라고 물어본다. 이 사람이 자신이 최종적으로 다다르고 싶었던 상황을 알게 되면, 그다음에는 그렇게 하기 위해 무엇을 해야 할지 거꾸로 되짚어 가며 생각하면 된다.

또한 사실과 의견이 뒤섞여서 무엇이 객관적인 정보이고 무엇이 주관적인 느낌인지 잘 알 수 없게 되면 머릿속이 혼란스러워진다. 그럴 때는 상대방에게 "그 이야기에서 뭐가 사실이고, 뭐가 의견이지?"라고 질문해 주면 혼란스러움을 덜어낼 수 있다.

더욱 구체적인 질문으로 상대방의 마음을 읽는다

질문으로 더욱 근본적인 부분을 짚어내는 것도 좋은 방법이다. 이 사람은 "나, 어떻게 해야 했던 걸까?"라고 묻고 있지만, 맨 처음에 이 사람이 무언가를 했어야만 하는지, 분위기가 어색해진 것은 어색해진 것이고 이 사람이 뭔가를 하는 일에 얼마나 뜻이 있는지 물어볼 수 있다. "애초에 네가 뭔가 했어야만 하는 거야?"라고 질문하는 것이다.

모호한 말과 정확하지 않은 표현을 사용하고 있어서 머릿속이 뒤죽박죽일 가능성도 있다. 그러므로 "분위기가 어색해졌다니, 구체적으로 어떻게 된 거야?"라고 물어볼 수 있다. 이 질문에 대답하는 동안 상대방은 그때 상황을 돌이켜보면서 "어라, 분위기가 어색해졌다는 건 내 착각이었는지도 몰라."라고 깨달을 수도 있다.

해답 예

- 결국에는 어떻게 되는 게 가장 좋았다고 생각했어?
- 그 이야기에서 뭐가 사실이고 뭐가 의견이지?
- 애초에 꼭 네가 뭔가 했어야만 하는 거야?
- 분위기가 어색해졌다니, 구체적으로 어떻게 된 거야?

PART 4

상식에 뒤지지 않는
근거 능력을 갖춘다

Critical Thinking

근거 능력을 기르는 문제 1

"외국어를 모르는 사람은 자국어도 모른다."

Goethe

이처럼 독일의 문호 괴테가 남긴 명언의 근거는 무엇인지 생각해 보자.

※ 주의
- 이 문제에도 정답은 없다.
- 괴테가 실제로 생각한 '진짜 근거'일 필요는 없다. 일반적으로 어떤 근거가 있으면 '외국어를 모르는 사람은 자국어도 모른다.'라고 말할 수 있는지 생각해 본다.

힌 트

괴테는 왜 이런 생각을 했을까? 상상해 보자.

유명한 사람의 말이라면
모두 옳은 걸까

이 말을 듣고 "역시 괴테야, 명언이네."라고 곧바로 수긍해버려서 별다른 근거가 생각나지 않는 사람도 있을 것이다.

사실 여기에 함정이 있다. 우리는 평소 무의식중에 '유명한 사람이 한 말이니까.'라며 별 비판 없이 받아들이거나 '그따위 인간이 한 말이니까.' 하고 반사적으로 비판하는 때도 있다. 그러나 의견은 원래 '누가' 말했느냐가 아니라 '무엇을' 말했느냐에 따라 가치가 결정된다. 누가 말한 의견이냐에 따라 좋고 나쁨이 결정된다면, 필요한 것은 생각하는 능력이 아니라 유명한 사람이 되는 능력일 것이다.

'무엇을' 말했느냐를 크게 좌우하는 것이 근거다. 앞에서 살펴본 바와 같이 좋은 의견에는 좋은 근거가 있어야만 한다.

세상에는 '근거가 아닌 근거'가 상당히 많다. 이를테면 앞의 문제 같은 경우 '외국어를 모른다는 것은 자국어의 특수성도 모른다는 뜻이니까.'를 근거로 드는 것이다.

이 근거의 어떤 점이 잘못된 걸까? 이것은 괴테가 말한 '외국어를 모르는 사람은 자국어도 모른다.'를 바꿔서 말한 것뿐이지, 근거가 아니다.

근거란 '왜 그렇게 생각하는가?'라는 질문에 대한 답이다. '무슨 이야기인지 설명하는 것'이 아니다. 격언처럼 오랜 세월 동안 많은 사람이 공감해 온 말 중에는 단어 하나하나가 깊은 의미를 담고 있는 경우도 많아서 자기도 모르게 의미를 설명하고 싶어진다. 그러나 여기에서는 의미의 설명과 근거는 서로 다르다는 사실을 기억하고 넘어가자.

'근거가 아닌 근거' 중에는 근거처럼 들리는 경우가 많으므로 더 유의해야 한다. 근거가 되려다 만 것을 근거라고 말해 봤자 아무도 설득할 수 없고 영향력을 발휘할 수도 없다.

아마도 이 책을 읽는 여러분은 자기 자신이 중요하다고 생각하는 의견에 대해서는 이미 확실한 근거가 있을 것이다. 그래서 이 장에서는 평소에 이야기할 일이 거의 없을 듯한 의견의 근거를 얼마나 생각해 낼 수 있는지 일부러 상황을 만들어 훈련할 것이다. 평소와는 다른 사고방식을 연습함으로써 언젠가 근거를 요구받아도 "뭐, 그냥….." 하고 얼버무리지 않고, 확실한 근거를 제시하는 능력을 익히게 될 것이다.

근거를 어떻게 획득할 것인가

우리 사회에서는 무엇의 근거를 말하거나 질문하는 일이 많지 않다. "왜냐하면~" 하고 설명하면 말이 많다든가 구차하다는 소리를 들을 것 같고, 윗사람에게 "왜 그렇게 생각하시나요?"라고 묻는 것은 실례에 해당하는 경우도 적지 않다. 반면 영국이나 미국 같은 영어권에서는 근거를 묻는 것은 물론, 무언가 생각을 이야기할 때 근거도 함께 제시하는 것이 당연하다. 너무 당연하기 때문에 '왜냐하면 (because)'과 같은 말을 생략하고 갑자기 근거를 이야기하는 경우도 흔하다.

괴테에 대한 문제로 돌아가 보자. 근거는 '왜 그렇게 생각하는가?'라는 질문에 대한 대답이다. 그러므로 괴테의 격언에 대한 근거를 생각하는 방법의 하나로 괴테에게 "왜 그렇게 생각하나요?"라고 물으면 어떤 대답이 돌아올지 상상하기가 있다.

괴테가 사상가로서 너무 위대한 인물이라 쉽게 상상하기가 어렵다면, 똑같은 말을 만약 괴테가 아니라 나와 가까운 사람이 했다면 어땠을지 생각해 보자. 어떤 발언을 단지 유명한 사람이 말했기 때문에 순순히 받아들여서 사고가 정지되어 버린다면, '유명하지 않은 사람이 말했다면 ~' 하고 상상하면 되는 것이다.

'유명하지 않은 사람'을 상상할 때는 좋아하지도 싫어하지도 않는 동료나 이웃과 같이 특별한 감정이 없는 상대가 좋을 것이다. 친구나 존경하는 선배 등을 상상하면 '역시 ○○ 선배야!' 하고 사고가 멈춰 버릴 수 있다. 반대로 비호감인 사람이라면 '입만 살아서.'라며 역시 근거를 생각하지 못하게 될 수 있다.

다른 예를 들어 보자. 엄청난 노력을 거듭해 성공한 사람이 "평소의 노력이 중요합니다."라고 말하면 '그 사람이 말하니까 설득력이 있네.'라고 느낄 것이고, 상습적으로 지각하는 선배가 "지각하지 마."라고 말한다면 설득력이 없다고 느끼는 것과 같다.

여기서, 누군가가 무언가를 주장할 때 그 사람의 삶에 대한 평가가 개입돼서는 안 된다고 말하려는 것이 아니다. '그 사람이 말하니까 설득력이 있다/없다.'라고 느끼는 것은 스스로 조절할 수 없을지도 모른다. 그러나 다른 사람의 의견의 가치는 그 사람의 삶에 따라 결정되는 것이 아니다. 의미를 음미할 때는 그 의미를 말한 '사람'과 그 '내용'을 확실히 구분해야 한다고 의식하는 일은 가능할 것이다.

그러면, 나보다 나중에 입사했지만 나이는 동갑인 동료

A 씨를 예로 들어 보겠다. A 씨가 "외국어를 모르는 사람은 자국어도 모르는 거죠."라고 말해서, "왜 그렇게 생각하죠?"라고 묻는다면 어떤 대답이 돌아올까? 상상력을 발휘해 생각해 보자. 다음과 같은 예를 들 수 있다.

a 이전에 읽은 논문에 그렇게 쓰여 있었기 때문에

b 프랑스어가 아름답게 들려서 감동하다가, 문득 '우리말도 아름답다고 느끼는 사람이 있겠지.'라는 생각이 들면서 거기에서 우리말의 아름다움을 깨달았기 때문에

c 두 가지 언어를 모두 잘 하기로 유명한 X 씨와 Y 씨 모두, 영어는 물론 우리말도 아주 잘 이해하는 것처럼 보이니까.

평소에 우리가 근거로 드는 것들은 주로 자료 또는 전문가의 견해, 개인적 경험, 자신의 생각, 이렇게 세 가지다. 지금 든 예 중에서는 a가 자료 또는 전문가의 견해, b가 개인적 경험, c가 자신의 생각이다.

그중 근거로서 가장 약한 것이 개인적 경험이다. 개인적 경험은 그 사람에게만 적용되는 경우도 많기 때문이다. 프

랑스어가 아름답다고 느끼지 않는 사람이 있을 수도 있고, 외국어가 아름답다고 생각하는 사람이라면 누구나 자국어를 떠올린다고 할 수도 없다.

이 장에서 특히 훈련하고자 하는 것이 바로 '자기만의 생각'이다. '역시 멋진 말을 하는구나.' 하면서 사고가 정지되려는 뇌를 열심히 움직여서 자신만의 근거를 제시하는 연습을 해보자.

해답 예

- 외국어를 공부했더니 자국어에 대한 이해가 깊어졌다는 자료가 있으니까.

- 내가 영어를 배우면서 실감했기 때문에.

- 무언가를 다른 대상과 비교하면 그 무언가의 본질이 더 명확해지는 때도 있는데, 자국어에도 그 원리가 적용된다고 생각하니까.

그러면 여기서 또 한 가지 문제를 풀어보자.

근거 능력을 기르는 문제 2

'포기하면 그 순간 시합 종료다.'
이 말의 근거를 생각해 보자.

※ 주의

- 이 문제에도 정답은 없다.
- 이것은 만화 〈슬램덩크〉의 유명한 대사를 가져온 것인데, 이 말을 한 등장 인물의 '진짜 근거'를 찾아보거나 생각할 필요는 없다. 일반적으로 이 '결론'에 어떤 근거가 있으면 설득력이 있을지 생각해 본다.
- 가까운 사람(학창 시절의 동아리 친구 등을 상상해도 좋다)이 이렇게 말했고, "왜 그렇게 생각해?"라고 물으면 뭐라고 대답할 것인지 상상해 보자.

* 힌트
근거란 무엇일까? 다시 한번 생각해 보자.

'바꿔 말하기'와
'근거'는 다르다

사실 나도 이 문제에서 고전했다. 근거와 설명이 같지 않다는 것을 사실을 알고는 있어도 '포기하면 아무 일도 안되니까.', '포기한다는 건 기회를 내팽개친다는 뜻이니까.'와 같이 대답하고 싶어지는 것이다.

하지만 생각해 보면 '시합 종료'나 '아무 일도 안된다.', '기회를 내팽개친다.'는 모두 똑같은 말이다. 근거가 아니라 설명, 자신의 표현으로 바꿔 말하고 있을 뿐이다.

어떤 수업에서 이 문제를 냈을 때도 마찬가지로 '근거'가 아니라 '바꿔 말하기'로 대답하는 경우가 많았다. 아무래도 'A는 곧 B'라는, 마치 진리를 보여주는 것과 같은 말의 근거를 대라고 하면 '왜 그렇게 생각하는가?'가 아니라 '왜 그렇게 말할 수 있는지 알기 쉽게 바꿔 말해 주자.'가 되고 마는 것이다.

따라서 '근거라는 이름의 바꿔 말하기'가 되지 않도록 우선 자신의 표현으로 바꿔 말하고, 그 근거를 생각하는 방법으로 해 보겠다. 의미가 어지간히 비약하지 않는 한 마음대로 바꿔 말해도 좋다. 예를 들면 다음과 같다.

- 포기하면 그 순간 시합 종료다.
  → [바꿔 말하기] 포기하면 그 순간 아무것도 이루지 못하게 된다.

너무 뻔한, 당연한 말을 한다는 생각이 드는가? 참고로 이처럼 바꿔 말한 문장은 사실과 의견을 구분할 경우(27쪽 참고) '의견'이다. 의견은 각각 사람마다 다를 수 있다. 그러므로 당연하다고 생각되는 이 내용에도 반론하는 사람이 있을 수 있다.

그러면 연습으로 이 말(바꿔 말한 문장)과 반대되는 주장을 해 보겠다.

→ [반대 주장] 포기해도 무언가 이룰 수 있다.

다음으로 이 반대 주장의 근거를 생각해 본다. 예를 들면 다음과 같다.

- 스스로 나서지 않아도 무언가 저절로 이루어질 수 있으니까.
- 의지가 모든 일을 해결해 주지는 않으니까.

아무리 훌륭한 말이라도 의견은 의견이다. 근거가 없어서는 안 되고, 반론할 수 없다면 이상한 일이다.

그러므로 아무리 아름다운 말이라도 하나의 의견에 지나지 않는다는 사실을 깨닫기 위해서 그와 반대되는 주장을 만들어 보고, 근거를 생각하면서 평소 주변 사람들이 말하는 의견과 다르지 않음을 의식적으로 생각하게 하는 것이다.

여기까지 왔다면 반대 주장을 만들기 전에 바꿔 말한 문장(포기하면 그 순간 아무것도 이루지 못하게 된다)으로 돌아가자. 그리고 근거를 생각해 내기 쉽도록 '그저 하나의 의견'과 같은 느낌의 말로 바꿔 본다. 문장의 마무리를 '~라고 생각합니다. 왜 그렇게 생각하냐면….'이라고 바꾸는 것이다. 그러면 다음과 같아질 것이다.

· 포기하면 그 순간 아무것도 이루지 못하게 된다고 생각합니다. 그렇게 생각하는 이유는….

이제 슬슬 근거가 머릿속에 떠오르는가? 반대 주장의 근거를 힌트로 삼을 수도 있다. 해답의 예를 들어 보겠다.

해답 예

아래는 '시합'을 '무언가를 이룰 수 있는 상태'로 바꿔 말한 후 생각한 것이다.

- 무언가를 이루어 냈다고 느끼는 것은 대개 스스로 행동했을 때라고 생각하니까.
- 포기했기 때문에 아무것도 이루지 못한 사람들이 많이 있으니까.

그러면 평소에 잘 생각해 보지 않은 문제에 대한 근거를 생각해 내는 능력을 조금 더 훈련해 보자. 다음 문제에도 정답은 없다.

문제

1. 너무나도 자기 자신다운 주장을 한 가지 생각해 보자.
2. 위의 주장을 [반대 주장]으로 바꾸고, 그 [근거]를 생각 나는 대로 적어보자.

해답 예

1. 야근은 반드시 해야 한다.

2. **[반대 주장]** 야근은 하지 않아도 된다.

   [근거] • 야근을 하지 않는다고 해서 죽지는 않으니까.

   • 인생은 즐기라고 있는 것이니까.

   • 야근 = 상사가 맡긴 업무라고 했을 때, 금방 상사의 상황이 바뀌어서 그 업무 자체가 필요 없어질지도 모르니까.

어떤가? 근거를 생각해 내기가 전보다 더 쉬워졌는가?

목표에서 근거를
찾아내는 문제

오늘 업무 미팅에 참석해야 하지만 기분이
영 내키지 않는다. 미팅 시작까지는 다섯 시간이
남았다. 미팅 장소는 회사에서 지하철로 30분
거리에 있는 A사. A사와는 몇 년 전부터
공동 프로젝트를 하고 있다.

문 제

미팅에 가지 않아도 되는 좋은 근거를 생각해 보자.

※ 주의
- 이 문제에도 정답은 없다.

힌 트

이루고 싶은 목표와 일어날 수 있는 최악의 사태를 생각하자.

이 문제를 풀 때는 ① 목표를 정하고 ② 근서를 브레인 스토밍(특정한 주제에 대해 생각할 수 있는 만큼 생각하는 방법)한 후 ③ 실제로 이 말을 하면 최악의 경우 어떤 일이 일어날지의 순서로 생각해 본다. 이 방법은 하기 어려운 말을 해야 할 때도 활용할 수 있다.

그럼 하나씩 자세히 살펴보자.

방법 1 목표를 정한다

이번에는 미팅에 가지 않는 게 목적이기는 하지만, 빠지기만 하면 되는 것은 아니다. 미팅에 참석하지 못하는 핑계를 생각해야 한다(예시일 뿐 미팅을 빠지는 일을 권장하는 것은 아니니 오해하지 말자).

먼저 목표를 설정한다. "미팅에 못 가게 됐습니다."라고 말함으로써 자신이 궁극적으로 무엇을 얻어내고 싶은지 생각한다. 상대방이 싫어하든 말든 상관없이 일단은 쉬고 싶은 것인가? 아니면 미팅에 빠지면서도 상대방과의 관계는 좋게 유지하고 싶은가? 생각해야 할 것은 궁극적인 목표다. 신중하게 생각해서 목표를 하나로 좁히자.

예를 들어 목표를 '상대방과 관계를 좋게 유지하고 싶다.'로 설정했다고 하자. 목표를 정하고 나면 거기에 다다르면서 미팅에 빠질 근거(구실)를 생각하기 위해 브레인스토밍을 한다.

방법 2 근거를 브레인스토밍한다

브레인스토밍을 할 때는 '이런 바보 같은 근거는 안 돼.' '이 근거는 그럴듯해 보여.' 등과 같은 가치판단을 하지 않아야 한다. 이치에 맞고 목표를 달성할 수 있는 근거, 다시 말해 어쨌든 상대방과의 관계를 좋게 유지할 수 있는 근거라면 무엇이든 들어 본다. '내 직장 동료라면 뭐라고 말할까?', '고등학교 시절 사이가 나빴던 친구라면 뭐라고 말할까?'와 같이 자신 외의 관점을 상상해 보면 좋다.

브레인스토밍을 한 결과 다음과 같은 근거가 나왔다고 하자.

예시

Q. 상대방과의 관계를 좋게 유지하고 싶다는 목표를
   달성하면서 미팅에 빠지는 근거는?

- 어제부터 열이 있는데 아마 독감이 아닌가 싶습니다.
  여러분께 옮기면 안 되니까요.

- 갑자기 급하게 처리할 일이 생겨서요.

- 어머니가 갑자기 입원하셔서 지금 병원에 가 봐야 합니다.

방법
3 　최악의 상황을 생각한다

　근거를 들고 나면 각각의 근거에서 일어날 수 있는 최악
의 상황을 생각한다. 3장에서도 설명했지만 질문이든 근거
든 무언가를 말할 때는, 그 말을 한 결과로 일어날 수 있는
최악의 시나리오가 무엇일지 반드시 자신에게 질문하자.
이렇게 될 줄 몰랐다며 나중에 후회하지 않기 위해서이기
도 하고, 자신의 발언을 책임질 수 있는지 확인하기 위해
서다.

앞에서 든 근거를 말했을 때 일어날 수 있는 최악의 상황은 무엇일까? 상황은 근거마다 하나씩만 있어도 일단은 충분하지만, 여러 가지가 생각난다면 생각나는 대로 말해 본다. 가능한 한 구체적으로 적어 보자.

예시

Q. **근거를 이야기했을 때 일어날 수 있는 최악의 상황은?**

• "어제부터 열이 있는데 아마 독감이 아닌가 싶습니다.
  여러분께 옮기면 안 되니까요."

  → 다음날 그 회사 근처 음식점에서 데이트할 예정인데, 거기서 우연히 A사 사람과 마주치면 신뢰가 무너진다.

• "갑자기 급하게 처리할 일이 생겨서요."

  → 아무 일 없었다는 사실이 알려져서 신용을 잃는다던가, 일 처리에 시간이 오래 걸리는 무능한 사람이라는 인상을 준다.

• "어머니가 갑자기 입원하셔서 지금 병원에 가 봐야 합니다."

  → 말이 씨가 되어 어머니가 실제로 입원한다.

상대방과 좋은 관계를 유지하고 싶다는 것을 목표로 정하고 근거를 생각했지만, 이렇게 최악의 시나리오를 써 내려가다 보면 일을 잘하지 못한다고 소문이 나서 오히려 상대방에게 신용을 잃을 수도 있고, 관계에 금이 갈 수 있을 만한 근거도 적지 않다.

또한 관계는 잘 유지된다 해도 어머니가 갑자기 입원하셔서 병원에 가 봐야 한다는 말이 씨가 되어, 실제로 입원하는 상황이 된다면 어떻겠는가? 지금 단계에서 이런 것들이 걱정된다면 설령 20년이나 30년 후에 어머니가 입원하더라도 그때 거짓말했던 대가라고 생각하게 될 수도 있다. 이처럼 최악의 시나리오가 현실이 됐을 때 도저히 견딜 수 없을 것 같은 생각이 드는 근거가 있다면, 그런 것은 근거로 선택하지 않는 게 좋다.

PART **5**

언어화 능력을 기른다

Know Your Words

언어 능력을
확인하는 문제

1　오늘 재미있었어! 또 만나자 😆 *

2　내일 회의, 잘 부탁드립니다 🙂 *

3　그래, 최종 시험에 떨어졌구나. 안타깝다 😢 *

문 제

각 글의 이모티콘을 자기 자신의 말로 바꿔 보자.

※ 주의
- 이 문제에도 정답은 없다.
- **1 ~ 3** 각각의 상황과 문맥은 자유롭게 생각해도 좋다(예를 들어 **1**은 '고
  등학교 때 친구를 10년 만에 다시 만났다는 설정' 등).

힌 트

문장 마지막에 이모티콘이 없다면 어떨까? 생각해 보자.

그 표현은 자신의 어떤 마음을
나타내는가

　휴대전화 메시지 등을 쓸 때 이모티콘을 사용하는 것은 대개 글만으로는 뭔가 부족하다고 느끼기 때문일 것이다. 그 '부족한 무언가'란 대체 무엇일까? 나는 그 이모티콘에 어떤 마음을 담고 있는 걸까?

　이러한 점들을 굳이 말로 표현해 보자는 것이 이 문제의 목적이다. 내가 전달하고 싶은 무언가를 나의 표현으로 바꿔 봄으로써 생각하는 힘의 근본인 언어 능력을 훈련하는 것이다.

이모티콘을 새삼 말로 바꿔 보는 것은 실제로 해보면 의외로 쉽지 않다는 걸 알 수 있다. 평소 이모티콘을 사용하는 일이 당연한 듯 익숙하고, 평소에 말이라는 수단을 그다지 의식하지 않았기 때문이다.

생각한다는 것은 철저히 말을 이용하는 작업이며, 말은 '생각하는 능력'에 항상 따라다니는 주재료다. 주재료에 질서가 없으면 생각도 무질서해진다.

여러분은 평소 익숙한 업무상 용어나 '고객에게 다가간다.', '최대한의 노력', '○○ 우선'과 같이 듣기 좋은 말을 사용할 때, 이 말이 구체적으로는 무엇을 뜻하는지 확인해 본 적이 있는가? 내가 이 말을 어떤 의미로 쓰고 있는지, 이 말이 정말로 적절한지 의식적으로 자문하는 것이다.

생각이라는 것은 그 주재료인 말을 항상 진지하게 대하는 작업이다.

예를 들어 신상품 기획을 하면서 '사람들은 지금 이런 상품을 원한다.'라고 생각했다고 하자.

여기서 '지금'이란 언제일까? 1년간? 10년간? '10년간'이란 지금부터 10년 후까지인가? 아니면 몇 년 전부터 몇 년 후까지인가? '몇 년'이란 구체적으로 몇 년인가? '10년'이라고 말할 수 있는 근거는 무엇인가? 또는 '앞으로'를 말하는 것인가?

한편 '원한다'의 의미는 무엇일까? '수요가 있다.' '공감받기 쉽다.', '수요는 아직 없지만 앞으로 생겨날 것이다.' 등 '지금'과 '원한다'만으로도 생각해야 할 게 많다.

이야기를 더 이어가 보자. '사람들이 지금 원한다.'라는 것은 대체 어디에서 일어나는 일일까? 사람들이 원한다고 하면 장소가 어느 정도는 한정되어야 한다. 우리나라? 세계? '세계'라고 하면 일부 선진국? 또는 말 그대로 '세계'라면, 해당하지 않는 나라나 지역은 하나도 없다는 말일까? 가령 장소가 '우리나라'라면 어떤 사람들이 원한다는 것일까? 젊은이? 도시의 부유층?

이야기가 조금 길어졌는데 생각하기, 즉 말을 명확하게 한다면 이렇다는 것이다. 물론 말의 의미를 하나하나 따지

'사람들이 지금 원한다'를 구체화하는 법

		질문		설명으로 알게 된 것
'지금'	➡	언제?	➡	고령화가 더 진행되면
'원한다'	➡	어디서?	➡	도시 지역
	➡	누가?	➡	부유층

고령화가 더 진행되면 도시 지역의 부유층이 원할 것이다

는 일은 피곤한 데다 그럴 시간도 없다고 생각하는 사람들도 있을 것이다.

하지만 한 번 더 강조하자면 그래서는 무질서한 생각밖에 생겨나지 않는다. 이 정도의 생각은 스마트폰을 보면서도 틈틈이 할 수 있을 것이다.

가령 앞에 나왔던 '사람들이 지금 원하는 신상품'을 단어 하나하나씩 나누어 설명하면 조금 더 이해가 빠를 것이다.

처음에는 막연하게 '지금을 위한 상품' 정도로만 생각했던 아이디어가 '고령화가 진행되면 수요가 증가할 도시 지역의 부유층을 위한 상품'으로 바뀔지도 모른다. 지금 나는 어떤 의미로 이 말을 사용하고 있는지 질문을 계속하다 보면 생각이 더 명확해져서 돌파구가 보일 때도 있다.

그리고 무엇보다 말의 의미를 제대로 파악하는 일은 자기 생각에 책임지는 것으로 이어진다.

생각이나 의견을 표명하는 일은 일종의 자기표현이다. 의미를 완전히 파악하지 못한 말을 사용해서 생각한 후 '이것이 나입니다.'라고 공언하는 것은 너무나도 위험하다. 그렇게 말하면서 정작 그 실체는 잘 모르고 있기 때문이다.

의미를 제대로 파악하고 나서 말하는 것은 다른 문화권의 사람과 소통할 때에도 필요한 기술이다. 명확한 표현을 사용하고 확실한 사고를 거쳐 '이것이 내 생각입니다.'라고 당당히 말해 보자.

이 장에서는 말의 의미에 대해 깊이 생각해 볼 것이다. 이처럼 말의 의미를 생각하는 회로를 머릿속에 만들면 생각하는 능력이 더욱 좋아지게 된다.

이모티콘 문제를 풀어보자

161쪽의 이모티콘 문제를 푸는 방법을 이야기해 보자.

이모티콘을 말로 바꾸려고 하면 '히히', '슬프다' 등의 흔해 빠진 감정표현이 되기 쉽다. 그러나 여기서 중요한 것은 각각의 이모티콘에 내가 어떤 의미를 담고 싶은지 하는 문제다.

자신에게 이모티콘을 사용해서 무엇을 표현하고 싶은지 물어보는 것도 좋고, '만약에 이 이모티콘이 없다면 어떻게 될까?' 하고 생각해 보는 것도 괜찮다.

'오늘 재미있었어! 또 만나자.'나 '내일 회의, 잘 부탁드립니다.'에 이모티콘이 없다면 각각의 메시지는 어떤 느낌이 될까?

· 오늘 재미있었어! 또 만나자 😆

· 오늘 재미있었어! 또 만나자.

'오늘 재미있었어! 또 만나자.'만으로는 내가 얼마나 즐거웠는지 감정이 잘 전달되지 않는다. 즐거운 만남 후 흥분이 아직 가라앉지 않은 상태가 전달되지 않는다고 생각했다면, 감정을 조금 더 구체적으로 표현해 보자. 예를 들자면 '정말 즐거웠어.', '아직도 흥분이 가시질 않네.' 등으로 답할 수 있다.

업무상 만남을 앞두고 상대방에게 문자를 보낼 때 '내일 회의, 잘 부탁드립니다.'만으로는 조금 사무적으로 느껴진다면, '딱딱한 회의 분위기를 웃는 얼굴로 밝게 만들고 싶네요.'라고 말해 보면 어떨까?

해답 예

- 정말 즐거웠어.
- 너무 재미있었어. 아직도 흥분이 진정 안 돼.
- 이번 회의의 딱딱한 분위기를 웃는 얼굴로 밝게 만들고 싶네요.
- 나도 충격받았어.

언어화 능력이 중요한 이유

'나는 이 말에 어떤 의미를 담고 싶은가?' 이 점을 항상 의식하면서 언어에 대한 감각을 키우는 것이 좋다. 다만 계속해서 의식한다는 게 쉽지는 않을 것이다.

그럼 어떻게 하면 좋을까? 예를 들어 업무와 관련한 이메일을 쓸 때는 항상 '나는 정말 이 말에 만족하는가?' 하고 자신에게 물어보는 것을 규칙으로 삼으면 어떨까?

강의를 많이 하는 직업 특성상 학생들의 과제를 평가하는 일이 많다. 그럴 때마다 똑같은 칭찬이라도 내가 어떻게 감동했는지, 나라면 어떤 말로 표현했을 때 수긍할 것인지 등을 늘 생각한다. 멋지다, 숙연해진다, 압권이다, 마음이 떨린다, 경의를 표하고 싶다, 넙죽 엎드리고 싶다…. 내가 알고 있는 어휘 중에서 '이것도 아니야.', '저것도 아니야.' 이렇게 고민하면서 마음속으로 하나하나 끄집어낸 표현을 음미하는 것이다.

이제부터 업무 메일을 쓸 때는 '계속해서' 잘 부탁드린다고 할지, '앞으로' 잘 부탁드린다고 할지 생각해 보자. 상대방과 앞으로도 계속 업무 관계를 유지하고 싶은 상황은 같더라도 '계속해서'와 '앞으로'는 엄밀히 말해 다르다고 할 수 있다. '계속해서'는 프로젝트 등에서 함께 작업 중인 상대에게 '이 건에서 지금까지 많은 도움을 받고 있는데 이제부터도 잘 부탁드립니다.'라는 뜻이고, '앞으로'는 '이번 하나의 건이 끝났지만 그 이후로도 계속 잘 부탁드립니다.'라는 느낌을 준다.

말에 대해 항상 생각하고 또 생각한다면 반드시 생각하는 힘이 탄탄해질 것이다. 생각하는 일은 버릇과 같은 것이므로 반복하여 습관을 들이자.

그러면 말의 의미에 대한 훈련을 조금 더 해 보겠다.

말의 의미부터
생각하는 문제

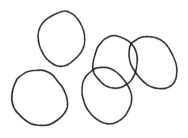

빨간색, 파란색, 갈색, 흰색, 녹색, 이렇게
다섯 가지 색깔의 고무줄이 하나씩 있다.
이 고무줄을 모두 사용해서 최대의 가치를
창출하는 방법을 한 가지 생각해 보자.

※ 주의
• 고무줄 외의 물건을 함께 사용해도 좋다.
• 이 문제에도 정답은 없다.

※ 힌트
• '최대의 가치'의 정의를 생각해 보자.

'최대의 가치'란
무엇인가

이 문제는 스탠퍼드대학교의 수업 풍경을 그린 것으로 잘 알려진 책 《스무 살에 알았더라면 좋았을 것들 What I Wish I Knew When I Was 20》(티나 실리그 지음)에서 소개한 것을 약간 수정한 것이다. 말에 대해 생각하는 일이 어떻게 돌파구가 될 수 있는지 실감하는 것이 이 문제의 목적이다. 먼저 문제를 푸는 방법을 살펴보자.

이 문제의 핵심은 '최대의 가치'를 어떻게 해석하느냐와 더불어 다섯 가지 색깔 고무줄의 의미와 의의를 어디까지 생각할 수 있느냐다. 해석하는 방법에는 '가치'의 의미부터 생각하는 유형과 사물의 '특성'부터 생각하는 유형, 이렇게 두 가지가 있다. 이 중에서 자신에게 더 편한 방법을 선택한다.

1. **'가치'의 의미에서 생각을 시작하는 유형**

   A. 어떤 가치를 창출하고 싶은지 생각한다.
   B. 다섯 가지 색깔 고무줄과 '최대의 가치'를 연결한다.
   C. 가치를 창출하는 구체적인 방법을 생각한다.

2. **사물의 '특성'에서 생각을 시작하는 유형**

   A. 다섯 가지 색깔 고무줄의 특성을 생각한다.
   B. '다섯 가지 색깔' 그리고 '고무줄'이기에 가능한 일을 나열한다.
   C. 거기서 어떤 가치를 창출할 수 있는지 생각한다.

그러면 가치의 의미에서 생각을 시작하는 유형부터 차례대로 알아보자.

유형 1 가치의 의미에서 생각을 시작하는 유형

A 어떤 가치를 창출하고 싶은지 생각한다

'가치'라는 말을 들으면 무엇이 떠오르는가? 경제적 가치? 돈으로 살 수 없는 가치? '가치'에 대한 이미지가 한쪽으로 치우쳐 있으면 생각이 좁아지므로 우선 사전을 찾는 등의 방법으로 정의를 확인한다.

사전을 찾아보면 '가치'의 정의는 주로 '유용성이나 의의 등 사물이 도움이 되는 정도', '경제적 값어치', '선이나 사랑 등 사람에게 좋다고 여겨지는 성질'이라고 되어 있다.

정의가 분명해진 다음에는 고무줄은 잠시 잊자. 그리고 자신에게 중요한 가치가 무엇인지 생각해 본다. 감이 잘 오지 않을 때는 '누군가가 반드시 이루고 싶어 하는 일'에 대해 생각해 보자. 누군가에게 꼭 이루고 싶은 일이 이뤄진다면 그것도 가치라고 부를 수 있을 것이다.

그런데 그 '누군가'란 누굴까. 나 자신? 사회? 인류? 이 장의 도입부에서 '사람들이 지금 원한다.'의 의미를 생각할 때는 언제, 어디서, 누가 원하는지 생각하는 것이 중요하다고 이야기한 바 있다. 이처럼 말의 의미를 생각할 때는 '언제, 어디서, 누가'라고 문맥을 한정하는 것이 필수적이다.

이런 식으로 생각해 본 결과 '누가'를 '전 세계의 사람들', '언제'를 '앞으로', 그리고 '가치'를 '평등'이라는 의미로 설정했다고 하자.

그러면 그 가치를 '최대의 가치'라고 부를 수 있는지 생각해 본다. '전 세계 사람들에 대한 평등'은 '최대의 가치'라고 부를 수 있을 듯하니 그대로도 괜찮지만, 아직 '최대'라고 부를 수 없을 것 같은 가치의 경우에는 최대 수준으로 끌어올린다.

가령 '부'라면 그 가치를 최대한으로 끌어올리기 위해 '엄청난 부'라고 말한다. '사랑'이라면 '어머니와 같은 사랑'이라는 표현도 괜찮다. 객관적으로 봐서 '최대'일 필요는 없다. 자신에게 최대라면 '어머니와 같은 사랑'이라도 좋은 것이다. 중요한 것은 생각한 가치를 자신이 최대 수준이라 느낄 때까지 끌어올리는 것이다.

B 다섯 가지 색깔 고무줄과 '최대의 가치'를 연결한다

여기에서도 '평등'을 예로 들어 보자.

최종적으로는 다섯 색깔 고무줄을 사용해서 평등을 창출하는 방법을 생각해야 하는데, 갑자기 '다섯 색깔 고무줄을 사용해서 평등을 창출하려면?'과 같은 식으로 생각한다면 너무 막연할 수 있다.

그러므로 질문을 다음과 같이 바꿔 생각해 보자.

- 다섯 가지 색깔 고무줄과 '평등'의 공통점은 무엇일까?
- 다섯 가지 색깔 고무줄과 '평등'을 억지로 연결 짓는다고 하면 어떻게 해야 할까?

무엇이 떠오르는가?

잘 생각나지 않을 때는 다섯 가지 색깔 고무줄의 특성을 자유롭게 연상해 본다. 고무줄(한 가지 색깔이어도 좋다)이 가까이에 있을 때는 실제로 손에 들고 만지작거리면 이것저것 떠올리기가 더욱 쉬워진다.

예시

다섯 가지 색깔 고무줄의 특성

- 둥글다.
- 빨간색·파란색·갈색·흰색·녹색이라는 다섯 가지 색깔
- 전부 연결하면 모양을 만들 수 있다.
- 신축성이 있다.
- 팔찌와 같이 손목에 걸 수 있다.

다음으로는 여러 가지 특성 중에서 '평등'과 연결할 수 있을 법한 것을 선택한다. '둥글다'는 어떨까? 예를 들어 '고무줄을 완벽한 원형으로 만들면 그 중심점과 원주 위의 어느 점을 연결해도 평등한 길이가 된다. 완벽한 원이 아니면 평등은 없다. 다시 말해 노력하지 않으면 평등은 없다.'와 같은 식이다.

이처럼 고무줄의 특성과 평등을 연결할 때는 마음대로, 조금 억지스러워도 괜찮다. 그 외에도 고무줄을 사용해서 평등을 표현하는 마크나 팔찌를 만들 수도 있을 것이다.

그리고 다섯 가지 색깔이므로 이왕이면 각 색깔에 의미

를 담으면 더 좋을 것이다. 가령 빨간색은 성평등, 파란색은 인종 간 평등 등으로 정하는 것이다. 다섯 가지 색깔 고무줄이 각각 다섯 대륙을 표현하고, 다섯 가지 색깔 모두는 지구를 나타낼 할 수도 있다. 정답은 없다. 자신의 발상을 즐기면서 거침없이 아이디어를 내보자.

C 가치를 창출하는 구체적인 방법을 생각한다

B에서 생각한 내용을 바탕으로 삼아, 실제로 최대의 가치(예를 들어 '평등')를 창출하기 위해서는 어떤 방법이 있을지 생각한다. 다음과 같은 예를 참고하자.

예시1

- '빨간색은 성평등, 파란색은 인종 간 평등, 흰색은 자신이 달성하고 싶은 일상 속의 평등(예를 들어 회사 내의 평등, 가정에서의 평등) 등 이런 식으로 다섯 색깔 고무줄에 각각 의미를 부여한다.
- 자신이 가장 의식하는 종류의 평등 고무줄을 팔찌와 같이 손목에 찬다.

- 고무줄 팔찌를 찬 동안은 그 평등에 기여할 수 있도록 행동한다.
- 실제로 기여하고 나면 그 고무줄을 다른 사람에게 건넴으로써 평등을 확산시키는 캠페인을 시작한다.

예시2

- 고무줄 하나하나를 지구의 각 대륙에 비유하고, 고무줄을 서로 연결해 꽃과 같은 모양을 만들어서 지구를 표현한다.
- 이것을 '지구상의 모든 인간은 평등하다.'의 상징으로서 초등학교나 지역사회 등에서 사용하도록 한다.

이처럼 가치의 의미에서 시작하는 유형은 어떤 가치를 창출하고 싶은지와 최대의 가치란 무엇인지 생각한 후 가치를 창출하는 구체적인 방법을 끌어내는 것이다.

이제 다른 한 가지 방법으로 사물의 특성에서 생각을 시작하는 유형을 살펴보자.

2 사물의 특성에서 생각을 시작하는 유형

A 다섯 가지 색깔 고무줄의 특성을 생각한다

앞에서 설명한 사고 유형에서는 '가치'의 의미를 말로 표현하는 게 가장 중요한 일이었다. 이번에는 '다섯 색깔', '고무줄'의 의미와 가능성을 이것저것 생각해 보는 것이 중요하다.

특성이 무엇인지 생각할 때는 '다섯 가지 색깔(빨간색, 파란색, 갈색, 흰색, 녹색)'과 '고무줄'을 나눠서 생각하는 게 좋을 것이다. '다섯 가지 색깔 고무줄'이라고 하나로 묶어서 생각하면, 색깔을 떠올릴 때 소재에 대한 생각이 튀어나오거나 해서 머리가 어지러워질 수 있기 때문이다. 177쪽의 '다섯 가지 색깔 고무줄의 특성'을 생각할 때에도 따로 생각하는 것이 더 편하다면 그렇게 해보자.

- 다섯 가지 색깔의 특성

  식별이 가능하다.

  각각의 색에 의미를 담을 수 있다.

· 고무줄의 특성

신축성이 있다.

일부러 사지 않아도 주위에서 흔하게 구할 수 있다.

물건에 감으면 잘 미끄러지지 않는다.

당겼다 놓으면 다치지 않을 정도로 아프다.

B 다섯 가지 색깔 고무줄이기에 가능한 일을 나열한다

다음으로는 '다섯 가지 색깔' 또는 '고무줄'이기에 가능한 일을 나열한다. '가능한 일'이란 장치나 구조를 가리킨다. '다섯 가지 색깔'과 '고무줄' 중 상상하기 쉬운 것을 고르자. 여기서는 고무줄을 예로 들어 설명하겠다.

고무줄이기에 가능한 일을 생각할 때는 앞에서 나열한 특성을 주목한다.

'감아 놓으면 잘 미끄러지지 않는다.'라는 게 특성이라면 '연필과 같이 굴러떨어지기 쉬운 물건에 감아 두면 잘 떨어지지 않게 되고, 손에서도 잘 미끄러지지 않는다.'와 같이 가능한 일을 생각할 수 있다.

특성은 한 가지로 제한할 필요가 없다. '신축성이 있다.'

고무줄

| 감아 놓으면 잘 미끄러지지 않는다 | 신축성이 있다 | 주변에 흔하다 |

미끄러지지 않는 연필

수험생에게
좋다

간단한 새총

생존에
도움이 된다

와 '주변에 흔하다.'라는 특성을 살려서 '간단한 새총을 만들어 사용할 수 있다.'와 같이 생각할 수도 있다.

C 거기에서 어떤 가치를 창출할 수 있는지 생각한다

이어서 '고무줄이기에 가능한 일'은 어떤 가치를 창출할수 있는지 생각해 본다. '고무줄이기에 가능한 일'은 어떤상황에서 요긴할지 상상해 보는 것도 좋다. 요긴하다는 것은 거기에서 뭔가 가치가 창출된다는 뜻이기 때문이다.

예를 들어 '연필과 같이 굴러떨어지기 쉬운 물건에 감아두면 잘 떨어지지 않게 되고 손에서도 잘 미끄러지지 않는다.'가 요긴한 상황은 언제일까?

연필이 미끄러지거나 떨어지면 크게 손해를 보거나 곤란해지는 상황, 대학교 입학시험 등은 어떨까? 수험생은 시험보는 중에 연필이 미끄러지거나 바닥에 떨어지면 초조함을느끼고 시간도 손해 보게 되고, 무엇보다도 '떨어진다'라는말에 아주 민감한 상태다. 하지만 연필에 고무줄을 감아 두면 안심할 수 있다.

'간단한 새총을 만들어 사용할 수 있다.'의 경우는 예를 들어 무인도에 표류했을 때 생존에 도움이 될 것이다.

다음은 '다섯 색깔'의 차례다. 고무줄이 유용할 수 있는, 다시 말해 가치를 창출할 수 있는 상황에서 다섯 가지 색깔이라는 특성을 어떻게 활용할지 생각하는 것이다.

여기서도 앞에서 나열한 '다섯 가지 색깔의 특성'을 참고한다. '각각의 색에 의미를 담을 수 있다.'라는 특성은 '수험생의 연필'에 가치를 더할 수 있을 것이다.

가령 '빨간색은 노력, 흰색은 자신에 대한 신뢰, 녹색은 건강… 이렇게 의미를 부여한 고무줄을 수험생의 연필과 지우개에 감는다. 일종의 부적 같기도 하고, 연필이나 지우개가 미끄러지거나 굴러떨어지지 않도록 방지하는 역할도 하므로 심리적인 안정감을 줄 수 있다.'라고 할 수 있다. '수험생을 안심시킨다.'라는 최대의 가치가 창출되는 것이다.

다섯 가지 색깔을 한 세트로 구성해 수험생 응원 상품으로 판매하면 지역의 고무줄을 생산하는 업체에 도움이 될 수도 있다. 따라서 이것도 '최대의 가치' 창출이라고 할 수 있다.

생각할 때는 '고무줄(다섯 가지 색깔)로 이런 일을 할 수 있으면 저런 일도 할 수 있고, 그러면 나아가 이런 식으로 유용하겠네.' 하면서 거침없이 연상해 나가다 보면 아이디어를 확장하기가 쉬워진다. B에서 '다섯 가지 색깔로 할 수 있는 일'에 대해 생각한 경우에는 다섯 가지 색깔이면 더 요긴한 상황에서 '고무줄'의 특성을 어떻게 활용할지 생각해 본다.

그러면 마지막으로 이와 비슷한 문제를 하나 더 풀어보겠다. '돈', '제한시간', '최고의 행복'이라는 의미를 얼마나 자신의 방식으로 해석할 수 있는지, 그리고 자기 나름의 의미를 얼마나 독창적인 아이디어와 연결할 수 있는지 알아보기 위한 문제다. 앞에서 소개한 고무줄 문제와 마찬가지로 한정된 자원으로 재미있는 아이디어를 만들어 보자.

한정된 자원으로
재미있는 아이디어를
만드는 문제

가진 돈 5,000원, 제한시간 일주일.
이 조건에서 최고로 행복해지는 방법을
생각해 보자.

※ 주의
- 이 문제에도 정답은 없다.
- 돈 이외에 휴대전화나 지인 찬스 등 자신이 가진 것을 무엇이든 활용해도 좋지만, 돈만은 안 된다. 사용할 수 있는 돈은 단 5,000원뿐.

＊ 힌트
문제 속의 단어들을 확실히 정의하자.

말의 '정의'를
명확히 한다

만약 누군가 여러분에게 5달러와 2시간을 주고 그것을 활용해 돈을 벌어오라고 한다면 어떻게 하겠는가? 문제를 창의적으로 해결하는 법을 가르치는 스탠퍼드대학 수업의 아주 유명한 과제다. 일명 '스탠퍼드의 5달러 프로젝트'라고 불리는 이 막막한 과제에서 학생들은 무려 평균 수익률 4,000퍼센트를 달성한다. 이 과제를 해결하는 가장 쉬운 방법 중 하나는 아마도 5달러를 가지고 레모네이드 등을 만들어 파는 장사일 것이다.

지금 소개할 문제도 앞서 소개한 스탠퍼드대학의 수업

풍경을 그린 책《스무 살에 알았더라면 좋았을 것들》에서 나온 문제를 조금 변형한 것이다.

이 문제를 풀 때 주의할 점은 세 가지다.

a **최고의 행복**: 자기 나름대로 정의한다. '누가' 행복한 것인가? 또 왜 그 방법이 최고로 행복하다고 할 수 있는지 이유도 생각해 본다.

b **가진 돈 5,000원**: 5,000원을 다 써야 한다는 뜻은 아니다.

c **제한시간 일주일**: 일주일 내에 끝나기만 한다면 1분이어도 좋고 3일이어도 좋다.

'행복'을 정의할 때는 마음대로, 자유분방하게 생각한다. 나는 평소에 어떤 일이 생기면 행복하다고 느끼는지 생각해 본다. 그리고 5,000원에는 어떤 용도가 있을지 아이디어를 있는 대로 적어보자.

어떻게 행복해지는 방법을 생각해 냈는가? 이에 대해 초등학생과 대학생이 답한 내용을 소개하겠다.

해답 예

• 5,000원으로 지하철을 타고 엄마 회사에 간다. 그리고 엄마를 꼭 안아 주고, 다시 지하철을 타고 집에 온다.

 엄마는 내가 꼭 안아 주는 걸 좋아하고, 크게 기뻐하는 엄마를 볼 때 나는 가장 행복하니까.

• 5,000원으로 맥주 두 캔을 사서, 여자친구와 산에 올라 정상에서 함께 마신다.

 이것이 왜 가장 행복한가 하면
 ① 나는 등산을 아주 좋아하니까.
 ② 산에 오를 때는 힘든 순간도 많은데, 힘든 순간을 극복한 후의 맥주는 특히 맛있으니까.
 ③ 사랑하는 사람과 함께 마시는 맥주는 최고로 맛있으니까.
 ④ 정상의 멋진 풍경은 최고의 환경이니까.

• 일주일 동안 5,000원을 주머니 속에 넣고 다니면서 '이 5,000원을 어떻게 사용할 수 있을까?' 하고 계속 생각한다. 기부하기, 저금하기, 복권 사기, 마음에 드는 물건 사기, 남동생에게 주기, 하루 아르바이트비가 5,000원이라면 어떨지 떠올려 본다. 그리고 5,000원을 기부한다면 어디에 하면 좋을지도 진지하게 생각한다. (뒤에 이어서)

지금까지 돈에 대해, 내가 할 수 있는 일에 대해 이렇게 오랫동안 생각해 본 적은 없었다.
그런 멋진 경험을 할 수 있는 것이 내게는 '최고의 행복'이다.

PART 6

상식과 자신의 이해를 의심한다

V

Flexibility

상식을 의심하는
문제

I'm working.

누워 있기를 좋아하는 A 씨는 어느 날,
누워 있는 일을 직업으로 삼고 싶다고 생각했다.

'누워 있는 것이 일'이라고 할 수 있는 직업을 생각나는 대로 나열
해 보자.

※ 주의
- 가만히 누워 있는 상태를 뜻하며, 잠을 자는 것도 가능하다.
- '일'이란 보수를 받는 일을 가리킨다.
- 이 문제에도 정답은 없다.

얼핏 보기에 단점으로 보이는 일의 장점을 생각해 본다.

문제 해결에
유연성이 필요한 이유

이번 문제는 문제 해결 능력을 강화하기 위한 것이다. 누워 있는 것을 일로 삼는 방법과 문제 해결에는 어떤 관계가 있을까?

문제 해결 능력의 중요성에 대해서는 아마 여러분도 잘 알고 있을 것이다. 이 책의 첫머리에서 소개한 '미래에 필요해질 역량 1~10위'에서도 문제 해결 능력이 1위였다.

너무 당연한 이야기인지 모르지만, 왜 '문제'가 문제로 인식되는가 하면 아직 해결되지 않았기 때문이다. 그럼 왜 해결되지 않았을까? 대체로 기존의 방법이 잘 통하지 않았기 때문이다. 따라서 기존의 방법으로 해결되지 않는다면 다른 방법을 찾아야만 한다.

'누워 있는 것이 일'에 관한 문제 또한 앞서 소개한 스탠퍼드대학교의 수업 광경을 담은 책《스무 살에 알았더라면 좋았을 것들》에서 아이디어를 얻은 것이다.

이 수업에서는 학생들에게 최선의 해결책과 최악의 해결책을 종이에 써서 제출하게 한 후 최선의 해결책은 눈앞에서 그 즉시 찢어 없애버린다. 사람들이 보통 최선이라고 생각하는 해결책은 흔하디흔한 아이디어인 경우가 대부분이고, 내용이 빤하기 때문이다.

한편 최악의 해결책으로 제출한 것은 다른 학생에게 주고 어떻게든 좋은 해결책으로 만들게 하는데, 여기에서 주로 생각지도 못한 독창적인 해결책이 나온다.

예전에 대학생들에게 비슷한 과제를 낸 적이 있는데, '말도 안 되는' 해결책들은 애초에 발상 자체가 다른 경우가 많아서 재미있는 아이디어가 많이 들어 있다. 어떤 아이디어가 있었는지는 뒤에서 소개하겠다.

문제라는 게 해결되고 나면 아주 쉽게 느껴진다. 달걀을 식탁 위에 세우는 일은 불가능하다고 말하는 사람들 앞에서 달걀 밑동을 깨뜨려 달걀을 세웠다는 콜럼버스의 일화는 너무도 유명하다. 우리는 왜 누군가가 가르쳐 줄 때까지는 '아주 쉬운' 해결책을 깨닫지 못하는 걸까?

한 가지 이유는 잘못된 확신 때문이다. 달걀을 세우지 못한 사람들은 누가 뭐라고 말한 것도 아닌데 달걀을 깨뜨리면 안 된다고 확신했을 것이다. 그리고 많은 경우에 우리는 자신의 잘못된 확신을 깨닫지 못한다.

안 된다고 생각했던 부분에 좀 더 주의를 기울이고, '만약 이게 실현 가능하다면…' 이렇게 생각하면서 다시 한번 자신의 확신을 의심해 보자. 그렇게 하지 못하면 문제를 해결할 기존과 다른 방법은 발견할 수 없다.

'누워 있는 것이 일'에 관한 문제는 안 된다고 생각하던 일을 되는 것으로 바꾸는 사고방식을 연습하기 위한 것이다. 이것이 가능해지면 유연한 문제 해결 능력이 생긴다. 그 외에도 이 장에서는 문제 해결과 연결되는 유연한 사고방식을 연마할 것이다.

'누워 있기'의 장점은 무엇일까

'누워 있는 것이 일' 문제를 푼다는 것은 곧 '누워 있기'의 장점을 생각하는 것이다. 직업으로 삼는 것이므로 누워 있기에 가능한 이점을 최대한 많이 생각해 내야 한다.

아이디어를 생각하기 위해서 구체적으로 두 가지 방법이 있다.

① 누워 있어야만 생산이 가능한 상품 등부터 생각한다.
② 누워 있기에서 생기는 것부터 생각한다.

그럼 이에 대해 각각 설명해 보겠다.

1 누워 있어야만 생산이 가능한 상품부터 생각한다

'누워 있는 것이 일'을 바꿔 말하면 '누워 있는 행위가 꼭 필요한 일'이라는 뜻이다.

누워 있는 행위가 꼭 필요한 일에는 무엇이 있을지 생각해서 곧바로 대답이 나오면 좋겠지만, 조금 어렵다고 느껴지거나 발상을 더욱 넓히고 싶을 때는 먼저 사고방식을 바꿔 본다.

일의 결과에서 대체로 상품, 서비스, 시스템 등이 창출된다는 전제로 누워 있어야만 생산이 가능한 상품에는 무엇이 있을지 생각해 보자. 누군가가 누워 있지 않으면, 좋고 나쁨이나 개선할 점을 알 수 없는 상품이나 서비스 등에는 무엇이 떠오르는가?

'누워 있기'와 직결되는 것, 눕는다는 행위를 좌우하는 것, 즉 침구, 취침 시 일회용 기저귀, 숙면을 위한 상품 등을 생각할 수 있을 것이다.

그렇다면 '침구의 사용감을 심사하는 침구 개발원이나 기저귀 또는 숙면 상품 모니터 요원, 호텔의 편안함을 개선하기 위한 연구원 등의 직업이 가능할 것이다. 숙면을 위한 상품을 더욱 확장하면 욕창을 덜 유발하는 상품 개발 등의 아이디어도 나올 수 있다.

방법 2 누워 있기에서 생기는 것부터 생각한다

이 문제에서 '일'은 보수를 받는 일로 제한되는데, 사람들은 보통 드러누워 있는 사람에게 돈을 주지 않는다. 따라서 생판 모르는 남이 누워 있는 행위에서 가치를 찾아내 돈을 낼 가치가 있다고 생각하게 만들어야 한다.

그렇다면 누워 있는 행위에서 도대체 어떤 가치를 창출할 수 있을지 생각해야 한다. 그런데 갑자기 누워 있기의 가치가 무엇인지 말해 보라고 하면 답변이 쉽지 않을 수 있다. 그렇기에 우선은 가치의 유무와 상관없이 누워 있기에서 생기는 것을 생각나는 대로 써보자.

예시

Q. **누워 있을 때(잘 때 포함해서) 생기는 것은?**

- 숨
- 코골이
- 이 갈기
- 이불 눌림
- 자리를 차지함
- 온기

'생기는 것'이 잘 떠오르지 않는다면 준비 단계로 '누워 있기'라는 행위에 대해 '무엇을 알고 있는지' 질문을 생각해 보자. 'ㅇㅇ에 대해 무엇을 알고 있는가?'는 문제 해결에서 필수적인 질문이다. 문제를 제대로 이해하고 있는지 확인할 수 있기 때문이다.

알고 있는 사항을 나열했다면 그 내용을 '생기는 것'으로 격상시켜 보자. 예를 들어 누워 있기에 대해 아는 것이 '어느 정도 공간이 필요함'이라면 '자리를 차지함'으로 바꿀 수 있다.

생각나는 대로 나열하는 것 자체가 어렵다고 느끼는 경우도 있을 수 있다. 그럴 때는 종류별로 생각하면 쉬울 것이다. 예로 든 목록도 다음과 같이 종류별로 생각해서 만든 것이다.

- 입에서 생기는 것 → 숨, 코골이, 이 갈기
- 몸에서 생기는 것 → 이불 눌림, 자리를 차지함
- 몸 주변에 생기는 것 → 온기

'생기는 것'에 대한 목록을 만들 때도 그렇지만 여기서 가장 중요한 것은 당연하다거나 실없다고 생각되는 것(어느 정도의 공간이 필요하다거나 이불 속이 따뜻해진다는 것 등)을 배제하지 않는 것이다.

스탠퍼드대학 수업에 관한 이야기를 떠올려 보자. 상식적으로 좋다고 생각되는 것보다 별로라거나 실없다고 생각되는 것에 엄청난 가능성이 숨어 있다.

이제 '생기는 것' 목록에 그대로 '일'이 될 만한 것이 있으면 그것을 답으로 한다(이불 눌림 → 누르는 직업 등).

문맥 또는 상황을 설정한다

아무것도 생각나지 않는다면 억지로 문맥이나 상황을 설정하는 방법이 있다. 이것은 심리학에서도 자주 사용하는데, 사람들이 생각할 때 아무 맥락도 없는 두 가지 대상을 관련짓는 일은 어렵다고 느껴도 둘 사이에 특정한 문맥을 주면 쉽게 연결할 수 있다.

그러므로 '생기는 것' 목록의 각 항목과 '일'이라는 얼핏 관계가 없어 보이는 대상 사이에 다양한 장소와 상황을 문맥으로 추가해 본다. 시험 삼아 직장이 될 수 있는 장소들을 맥락으로 삼아 보자.

'공장'과 '사무실'은 어떨까? '공장'이라는 문맥이라면 '이불 눌림'과 '일'을 연결해, 가령 '공장 안에 이불을 깔아서 전기를 사용하지 않고 옷 등의 주름을 펴는 누르기 업무'이 가능할 것이다.

'사무실'이 문맥이라면 '자리를 차지함'과 '일'을 연결해서 '휴식만 하면서 게으름을 피우는 사원을 줄이기 위해, 휴게

실로 가는 길목에 이불을 깔고 누워 있는 업무'는 어떨까?

둘 다 실없어 보이지만, 그럴수록 만약 이게 현실이 되면 어떨지 생각해 보자. 억지로라도 현실이라고 가정하면서 생각을 진척시키면 실없는 생각 속에 숨은 잠재력을 끌어낼 수 있다.

공장의 '누르기 업무'라면 정전이 되었을 때 '인간 다리미' 역할도 할 수 있을 것이다. 또한 공장 한구석에 사람이 편하게 잘 수 있는 공간을 만들면, 거기서 항상 전기를 사용하지 않고 옷 등의 주름을 펼 수 있어서 이산화탄소 절감에도 도움이 될 수 있을 것이다. 이런 식으로 마음껏 상상해 보자.

'휴게실로 가는 길을 막는 업무'의 경우, 이것을 실제로 시행하면 아마 직원들이 불만을 제기할 것이다. 불만이 생긴다면 '휴게실로 가는 길목을 막은 것은 휴식만 하고 일하지 않는 사람을 줄이기 위해서인데, 그렇다면 적당한 휴식 간격은 어느 정도인가?'라는 논의를 할 기회가 될 수도 있다. 그러면 업무 내용과 근로 환경을 개선하는 계기를 만들 수 있을지도 모른다.

해답 예

- 침구의 사용감을 심사하는 '침구 연구개발원'
- 전기를 전혀 사용하지 않고 옷을 다리는 효과를 내는 '인간 다리미'
- 다른 사람 옆에서 자는 직업 등

그다지 현실적이지 않다고 느끼는 사람들도 있겠지만, 포장에 사용하는 에어캡을 터뜨릴 때의 느낌을 계속해서 즐길 수 있는 '무한 뽁뽁이' 장난감이 대박 나기도 하고, 지우개는 모서리가 닳으면 사용하기 싫어진다는 발상에서 모서리 부분을 늘린 '모서리 지우개'가 실제 제품으로 생산되기도 한다. 이처럼 너무 싱겁다거나 당연한 소리를 한다고 무시당할 것 같은 아이디어를 잘 상품화한 제품들도 실제로 상당히 존재함을 알 수 있다.

그러면 이제 앞에서 소개한 스탠퍼드대학교의 '최악의 아이디어를 멋진 아이디어로 바꾸기' 문제를 풀어 보자.

이 문제는 말도 안 되는 아이디어를 멋지게 바꿈으로써 얼마나 독창적인 아이디어가 탄생하는지 느껴보기 위한 것이다.

말도 안 되는 아이디어는 말도 안 된다고 생각하기 때문에 머릿속에 잘 떠오르지 않는다. 우선은 말도 안 되는 아이디어를 구체적인 말로 표현하고, 그것을 멋진 아이디어로 바꿔 나가는 과정을 차분히 즐겨 보자.

최악의 아이디어를
최고의 아이디어로 바꾸기

문 제

최악이라고 생각되는 사업 계획을 하나 생각해서, 그 계획의 본질은
바꾸지 않고 멋진 사업 계획으로 바꿔 보자.

아이디어가 떠오르지 않을 때는 아래의 두 가지를 생각해 보자.

A   탄산음료가 흔들리면서 나오는 자동판매기

B   아기용 신용카드

※ 주의
- 이 문제에도 정답은 없다.

만약 이 계획을 실행하면 어떤 일이 일어날까?

'이 계획은 나쁘지 않다.'라고 말하기 위한 근거는 무엇일까? 생각해
보자.

최악의 계획에서
배울 수 있는 것은

이 문제를 풀 때는 다음과 같은 질문을 해 보면 좋을 것이다.

① 만약 '최악의 계획'이 현실이 되면 어떤 일이 일어날까?

② '최악의 계획' 중 어느 부분이 최악인가?

③ '최악의 계획'은 절대 나쁘지 않다고 누군가를 설득해야 한다면, 어떤 근거를 생각해 내야 할까?

①은 이런 최악의 계획이 현실이 될 수 있을 리가 없다는 확신을 억지로 벗어나기 위한 질문이다. ②는 최악의 요소를 개선하는 일이 가능한지 검토하기 위한 것이다. ③은 생각을 현실에 더욱 근접시키기 위한 질문이다.

일에서든 개인 생활에서든 좋은 생각이 떠오르지 않을 때는 시험 삼아 '최악의 계획'을 생각한 후 이 세 가지 질문을 해 보자. 실마리가 보일지도 모른다.

그러면 이 세 가지 질문에 대해 '탄산음료가 흔들리면서 나오는 자판기'를 예로 들어 설명하겠다.

방법 1 만약 최악의 계획이 현실이 되면 어떤 일이 일어날까?

먼저 '탄산음료가 흔들리면서 나오는 자판기가 만약 현실이 된다면…'이라고 생각하면서, 무엇이든 생각나는 일을 모두 써 본다.

예시

Q. '탄산음료가 흔들리면서 나오는 자판기'가 현실이 된다면 어떤 일이 일어날 수 있을까?

- 바로 뚜껑을 따면 탄산음료가 튀기 때문에 얼굴과 옷이 젖는다.
- 바로 뚜껑을 따면 탄산음료가 튀기 때문에 마실 수 있는 양이 줄어든다.
- 음료의 양이 줄어드는 게 싫은 사람, 옷을 적시고 싶지 않은 사람은 한동안 기다려야만 마실 수 있다.

이게 현실이 된다면 어떨지 생각하는 동안에 여러 가지 의문이 들지도 모른다. 의문이 생기면 그것도 써 본다.

예시

Q. '탄산음료가 흔들리면서 나오는 자판기'에 관한 의문점

- 음료의 양이 줄어들어도, 옷이 젖어도 사고 싶어 하는 사람이 과연 있을까?

이제, 두 번째 질문을 생각해 보자.

방법

2 최악의 계획 중 어느 부분이 최악인가?

여기서도 목록을 만들어본다.

예시

Q. '탄산음료가 흔들리면서 나오는 자판기'의 어떤 부분이 최악인가?

- 얼굴과 옷이 젖는다.
- 음료의 양이 줄어든다.
- 한동안 기다려야 제대로 마실 수 있다.

위와 같이 목록을 만든 후 나열한 최악의 요소들을 개선하는 게 가능한지 생각해 본다. 탄산음료가 흔들린 채로 나오게 되면 옷이 젖거나 음료의 양이 줄어들거나, 한동안 기다려야 마실 수 있다는 것은 어쩔 수 없는 일이다.

이것을 개선하려면 애초에 탄산음료를 흔들지 않는 수밖에 없는데, 그러면 원래의 아이디어가 사라져 버리게 된다. 따라서 탄산음료는 변함없이 흔들리는 상태라고 해도 옷이 젖거나 음료의 양이 줄어도 사람들이 불평하지 않는 방법(예를 들어 우비를 입는다거나 젖어도 괜찮은 옷을 입게 하거나, 음료의 양이 줄어든 만큼 가격을 내리는 것 등)을 생각해 본다.

이렇게 생각하다 보면 이 최악의 계획을 실행해도 괜찮지 않을까 하는 느낌이 들 것이다. 그럴 때 확실하게 실행할 수 있도록 최후의 질문에 답해 본다.

방법 3 '최악의 계획'은 절대 나쁘지 않다고 누군가를 설득해야 한다면, 어떤 근거를 생각해야 할까?

'○○은 절대 나쁘지 않다고 누군가를 설득해야 한다면?'이라는 질문은 발상의 전환에 아주 많은 도움이 된다. 절대 나쁘지 않다고 억지를 부려야 할 때, 다시 말해 상황을 정당화해야 할 때 기막힌 근거 능력을 발휘할 수 있다.

그러면 앞의 자판기 문제에 대해 이렇게 질문해 보자.

예시

Q. **탄산음료가 흔들리면서 나오는 자판기가 나쁘지 않다며 누군가를 설득해야 한다면, 어떤 근거를 생각해야 할까?**

· 음료의 양이 줄어드는 만큼 가격을 낮게 책정한다.

· 평소에 할 수 없던 경험을 할 수 있다.

· 탄산음료가 흔들리면서 나오는 것 자체만으로도 특이해서 화제가 된다.

· 탄산음료가 뿜어져 나올 때의 리액션을 겨루면 재미있을 것이다.

이제까지 나온 대답 중에서 '젖어도 괜찮은 옷을 입게 한다.', '특이해서 화제가 된다.', '누가 더 리액션이 좋은지 대결한다.' 등의 요소를 연결한 것이 다음 쪽의 해답 예다. 어느 대학생의 생각인데, 재미있는 답변이니 참고하자.

해답 예

최악의 계획

탄산음료가 흔들리면서 나오는 자판기

멋진 계획으로 바꿔 보자

여름 해변이나 수영장에 한해 설치하고, 인지도가 낮은 편인 브랜드의 음료만 사용한다. 가격은 원래보다 낮게 책정하고 자판기에는 카메라를 내장한다. 음료를 뽑은 사람은 그 자리에서 뚜껑을 따고, 뿜어져 나오는 음료에 놀라는 모습을 카메라가 촬영하는 구조다. 구매자가 OK 버튼을 누르면, 그 사진은 인터넷으로 업로드되어 '재미있는 리액션 대회'에 자동으로 등록된다. 1위로 뽑힌 사람에게는 그 음료 1년 치를 상품으로 준다. 그렇게 해서 브랜드의 인지도를 높일 수 있다.

최악의 계획

아기용 신용카드

멋진 계획으로 바꿔 보자

아기의 탄생을 기념해서 아기 명의로 신용카드 기능이 있는 카드를 제작한다. 입학과 졸업 등 성장의 중요한 단계에서 축하금이 입금된다. 성인이 될 때까지 신용카드 비용은 보호자가 낸다. 성인이 되고 나면 일반 신용카드로 사용한다.

잘 안다는 착각을 버리자

그러면 다음 문제로 넘어가 보자.

이번 문제에서는 자신의 잘못된 확신(잘 알고 있다고 착각하는 상태)을 의심해 볼 것이다. 무언가에 대해 생각하는 행위는 원래 그 '무언가'를 제대로 이해하고 있어야 가능하다. 그러나 유감스럽게도 제대로 이해하는 경우가 생각보다 드물다. 이해하지 못했음에도 불구하고 이해한 듯 착각하는 것이다.

잘 안다는 착각에서 벗어나는 것은 생각하는 능력의 기본이며, 착각 속에서는 돌파구를 찾을 수 없다.

문제를 풀기 전에 우선 다음 이야기를 읽어보자. 늑대와 염소의 이야기, 기무라 유이치가 쓴 《폭풍우 치는 밤에》의 일부를 요약한 것이다.

폭풍우가 치는 밤에 만나 친구가 된 가부(늑대)와 메이(염소)는, 자신들이 친구라는 사실을 남들에게는 숨기고 있다. 늑대와 염소는 서로 먹고 먹히는 관계이기 때문이다.

여기서 소개할 부분은 가부와 메이가 서로 알게 된 후 두 번째로 함께 만나 놀았을 때의 이야기다. 애니메이션과 연극으로도 만들어진 작품이기 때문에 이미 내용을 아는 독자들도 있을지 모르지만, 선입견을 버리고 읽어 주기 바란다.

폭풍우 치는 밤에

구름 틈새로 이윽고 오후의 해가 얼굴을 내밀었다. 포플러 가로수들이 한꺼번에 그림자를 드리우고, 길가가 선명한 초록빛을 띤다.

그런 어느 오후, 메이는 약속 장소에서 가부를 만난다. 그리고 오는 길에 어릴 때부터 친하게 지내던 타푸(염소)에게, 부디 늑대를 조심하라는 말을 들었다고 가부에게 이야기한다.

"후후, 지금 늑대를 만나러 가는 길이라고 도저히 말할 수 없었지 뭐니."

"헤헤, 나도 그래. 염소랑 친구라니, 다른 늑대들한테는 절대 말 못 한다구."

"우리만의 비밀이야."

메이가 목소리를 낮추며 말하자 가부는 쑥스러운 듯 웃는다.

"그렇게 말하면 나, 가슴이 두근두근해. 어, 오줌 마렵다. 잠깐 갔다 올게."

가부가 숲속으로 들어간 후, 가부와 엇갈려서 타푸가 나타난다. 타푸는 이 주변에 늑대가 나오니 풀숲에 숨어 있으라고 말한다.

"알았어."

그렇게 말하고 타푸를 돌려보내는 메이. 동시에 가부가 숲에서 돌아와, 가부와 메이는 잠시 재미나게 수다를 떤다. 그런데 갑자기 또 타푸가 찾아온다. 가부와 타푸가 맞닥뜨리지 않도록 메이는 가부를 다른 곳으로 잘 끌어낸다. 하지만 메이는 타푸에게 발견되고, 타푸는 메이에게 만리향 나무 그늘에 숨으라고 말한다.

"만리향 나무는 특히 향기가 강하니까. 염소의 냄새도 가려주지."

타푸는 이렇게 말하며 떠나지만 잠시 후 다시 돌아온다. 메이는 황급히 가부를 만리향 나무 그늘로 끌고 간다. 가부는 커다란 후박나무 잎을 머리에 뒤집어쓰고 뒤돌아 앉아 정체를 숨기게 된다. 그때 두꺼운 구름 때문에 주변이 갑자기 어둑어둑해지기도 해서 타푸는 가부가 염소라고 착각한다. 그리고 메이와 가부에게 "어쩐지 아까부터 늑대 냄새가 나는데."라고 말하며, 메이에게 주변을 둘러보고 와 달라고 부탁한다.

어쩔 수 없이 메이가 주변을 둘러보러 간 후, 타푸는 상대가 늑대일 줄은 꿈에도 모르고 가부를 상대로 계속 늑대들을 욕한다. 처음에는 참고 있던 가부도 점점 화가 나서 타푸를 덮치려 하는데…. 메이가 얼른 타푸를 자신의 몸으로 감싸 보호한다. 가부는 울면서 뛰쳐나가고 타푸는 놀라 달아난다.

메이는 타푸가 사라진 것을 확인한 후 가부에게 달려가 "겨우 다시 둘만 남게 됐네." 하며 말을 걸지만, 가부는 "아무리 이렇게 계속 만나도 결국 어쩔 수 없구만."이라고 의기소침한 모양새. "그러니까 우리가 비밀 친구잖아."라고 메이는 말한다. "우리, 다시 만날 수 있을까?"라고 묻는 가부.

"당연하지."

"내가, 늑대라도?"

"너야말로, 내가 염소라도 괜찮니?"

"당연하지. '비밀 친구'니까."

헤어질 때 메이를 몇 번이고 돌아보는 가부와 계속 손을 흔들며 배웅하는 메이. 그 모습을 멀리서 지켜보던 타푸는, 메이가 주먹을 허공에 휘두르고 가부가 분한 듯 돌아보는 것이라고 오해한다. "메이, 대단한 녀석이구나."라고 중얼거리는 타푸.

제3장 '구름 틈새로' 중에서

이야기는 여기까지다. 어떤가? 어린이를 위한 동화이므로 이해되지 않는 부분은 없었을 것이다. 모든 부분을 이해하는 이 상태가 사실 아주 골칫거리다. 왜 그런지는 뒤에서 설명하기로 하고, 지금 읽은 이야기에 대한 문제를 풀어보자.

문제

Q. **가부와 메이의 성별은 각각 무엇일까?**

Q. **이 이야기의 계절은 언제일까?**

＊주의
- 이 문제에도 정답은 없다.
- 대답할 때는 근거를 명확히 제시하자.

'아는 것 같지만 모르는 것'을
스스로 깨닫는다

이해되지 않는 부분이 없다고 생각해도, 동물들의 성별이나 계절을 명확한 근거와 함께 대답할 수 있는 사람은 많지 않을 것이다.

여기에 '모르는 부분이 없다.'의 함정이 있다. 말의 의미도 이해되고 모호한 부분도 없는데, 행간의 의미를 읽지 못하는 것이다.

여기서 말하는 '행간의 의미를 읽는다.'의 뜻은 분위기를 파악한다는 게 아니다. 단어와 단어의 연결, 문장과 문장의 연결, 여기와 저기에 쓰여 있는 내용의 관계를 착각하지 않고 확실하게 이해한다는 뜻이다.

여러분은 평소에 잘 안다고 생각하는 것에 대해 실제로는 얼마나 '알고' 있는가?

직장이나 개인 생활에서 귀에 못이 박히도록 듣는 문제에 대해 '그래서 ○○는 안 된다니까.', '××가 나쁜 거야.'라고 말하면서, 다 잘 알고 있다고 규정하고 있지는 않은가? 왜 그렇게 말할 수 있는지, 그동안의 경험을 바탕으로 한 잘못된 확신은 아닌지, 평소에 얼마나 자문하고 있는가?

잘 알고 있다고 착각하는 상태에서 진정한 문제 해결은 불가능하다. 그 사실을 잘 알면서도 우리는 무언가를 잘 알고 있다는 생각은 해도, 잘 알고 있다고 '착각하고 있다.'라고 생각하는 일은 드문 듯하다. 따라서 혹시 내가 그렇게 착각하고 있는 것은 아닌지 철저히 자문할 필요가 있다.

어떻게 하면 '잘 알고 있다고 착각하고 있다.'는 것이 어떤 상태인지 스스로 깨닫고, '실제로 잘 안다.'에 도달할 수 있을까? 이 문제에서는 그러한 감각을 길러 볼 것이다.

당연하게 생각되는 답의 근거를 묻고, 세부사항을 서로 연결해 더 깊이 이해하는 과정을 앞의 두 문제를 해설하면서 살펴보겠다.

가부는 수컷, 메이는 암컷일까

우선 가부와 메이의 성별은 각각 무엇일지 생각해 보자. 이 문제는 실제 수업에서도 수없이 논의했었지만 아직 가부와 메이의 성별은 해결되지 않은 문제다.

가장 흔한 의견은 '가부는 수컷, 메이는 암컷'이다. 가부가 수컷이라고 말할 수 있는 근거로는 남자 같은 말투와 '오줌'이라는 발언이 있다. 또 '비밀'이라는 말에 두근거리거나 충동을 억제하지 못하는 모습이 전형적인 수컷이라는 의견도 있다.

한편 메이가 암컷이라는 근거는 부드러운 말투, 야무진 모습, 타푸가 메이의 안전을 몹시 걱정하는 것 등이다.

얼핏 보면 모두 타당한 지적이다. 가부는 수컷이고, 메이는 암컷이라 생각하면서 읽으면 아귀가 잘 맞는 기분이 든다. 하지만 정말 그럴까? 남자 같은 말투를 쓰는 여자들도 있다. 부드러운 말투를 쓰는 남자들도 있고, 충동을 억제하지 못하는 여자들도 있다.

그러므로 아까 말한 '수컷과 암컷이라는 근거'에는 그렇게까지 강한 설득력은 없다. 시험 삼아 1장에서 했던 '설득력이 강한 순서대로 근거 나열하기'를 해 보면 더 눈에 잘 들어올 것이다.

실제 이에 대한 반증으로 메이가 가부를 이겼다고 타푸가 오해하는 부분을 인용하며 메이가 여자라면 "메이, 대단한 녀석이구나."라고 생각하는 데서 끝나지는 않을 것이라는 의견도 있다.

한편 가부와 메이가 동성이라는 의견도 있다. 가부가 수컷이라고 해도 보통은 이성에게 '오줌' 이야기를 하지는 않는다는 것이 근거다. 가부와 메이 사이에 연애감정이 있다고 느낄 수도 있지만, 가부가 수컷이라는 전제로 연애 대상은 무조건 이성이라고 확신해 버린 것은 아닌가?

하나하나 그렇게 따지다가는 영원히 결론이 나지 않을 것이라 생각할지도 모른다. 그러나 여기서 중요한 것은 말투와 같이 알기 쉬운 근거만 고려하거나, 대부분이 그렇다는 이유만으로 서둘러 결론을 내리는 일은 위험하다는 점이다.

논리적인 이야기를 해 보자면 'A는 B다.'라고 말하는 것은 'A는 B가 아니라고 할 수 없다.'라고 말하는 것과 같다. 그러나 가부와 메이의 성별은 '수컷(암컷)이 아니라고는 할 수 없다.'라고 단언할 수 없으므로 수컷(암컷)이라고 잘라 말하는 것도 불가능하다.

이것이 무엇을 의미하는가 하면, 단언할 수 없는 것을 잘 알고 있다고 착각해서 가령 '암컷이다.'라고 확신해 버리면, '암컷이 아니라고 말할 수 있을 듯한 정보'를 무의식중에 '없는 것'으로 간주해 버릴 가능성이 커진다는 뜻이다. 사람은 자신의 머릿속에 있는 정보나 지식에 맞지 않는 정보를 그냥 지나치는 경향이 있다는 것이 심리학 연구 등에서도 밝혀진 바 있다.

눈앞에 있는 정보를 없는 것으로 간주한다는 것은 사실을 왜곡해서 바라보고 있다는 뜻이다. 그래서는 문제가 해결되기는커녕, 틀린 방향으로 잘못된 방법을 써서 생각지도 못한 피해를 낳을 수도 있다.

자신의 이해가 타당한지 판단하기 위해서는 가령 '메이는 암컷'이라는 전제로 이야기를 처음부터 마지막까지 정독해 보면 좋다. 그러면 타푸가 메이에게 늑대가 있는지 살펴보고 와 달라고 말하는 장면에서 위화감을 느낄지도 모른다. 타푸에게 메이는 '지켜야 할 존재'인 듯한데, 메이가 암컷이라면 늑대가 있는지 보고 와 달라는 말은 못 하지 않을까 싶기도 하다.

물론 이 해석도 반론은 가능하다. 중요한 점은 '메이는 암컷'이라는 전제로 다시 읽어봄으로써 메이가 암컷이라고 단언할 수는 없지 않을까 생각해 볼 기회가 생기고, 그만큼 진실에 조금 더 다가갈 수 있다는 것이다.

이야기의 계절은 언제인가

다음 문제로 이야기의 계절은 언제인지 살펴보자. 이야기에 등장하는 만리향 나무를 보고는 가을이라고 대답하는 사람이 많은데, 앞에서도 이야기했듯이 알기 쉬운 근거만 보고 서둘러 결론을 내려서는 안 된다. 앞의 성별 문제는 수컷이냐 암컷이냐 둘 중 하나였기 때문에 단순한 편이었지만, 이번에는 사계절뿐만이 아니라 초여름, 9월 초 등 좀 더 구체적으로 좁혀 나갈 수도 있다. 그러면 어떻게 좁혀 나갈지가 문제인데, 다음과 같은 순서가 쉬울 것이다.

① 계절과 관계있어 보이는 부분을 모두 찾아낸다.

② ①에서 무엇을 알 수 있는지, 지식을 총동원해 생각한 후 연결한다.

앞의 성별 문제도 마찬가지로 성별과 관계있어 보이는 부분을 찾아낸 후, 거기에서 무엇을 알 수 있는지 생각해서 연결하는 순서로 풀 수도 있다.

계절과 관계있어 보이는 부분을 모두 찾아낸다

우선 계절과 관련이 있어 보이는 부분을 찾아 목록으로 만든다. 자연에 대한 묘사, 해, 날씨 등 힌트가 될 수 있는 부분은 모두 나열한다.

나열할 때는 원문 그대로 인용한다. 가령 '선명한'을 '아름다운' 등으로 바꾸면 거기에는 그 사람의 해석이 개입해서 검증 결과를 좌우할 수도 있다.

예시

Q. 계절과 관련이 있어 보이는 문장은? (원문 그대로 적어보자.)

- 구름 틈새로 이윽고 오후의 해가 얼굴을 내밀었다.

- 포플러 가로수들이 한꺼번에 그림자를 드리우고, 길가가 선명한 초록빛을 띤다.

- 만리향 나무는 특히 향기가 강하니까. 염소의 냄새도 가려 주지.

- 가부는 커다란 후박나무 잎을 머리에 뒤집어쓰고 뒤돌아 앉아 정체를 숨기게 된다.

방법 2 1 에서 무엇을 알 수 있는지, 지식을 총동원해 생각한 후 연결한다

다음으로 1 의 목록에 있는 것들이 계절에 대해 어떤 정보를 주는지 생각해 본다. 식물, 지형, 생활 등의 지식을 총동원해서 계절을 알아낸다. 인터넷 등의 정보를 마음껏 활용하자. 그 후 각 부분에서 얻은 답(계절)을 대조해서 서로 모순되지 않는지 검토한다. 아래에 소개할 검증은 한 대학생의 답변을 기초로 한 것이다.

계절을 알아내려 하기 전에 먼저 이 이야기의 무대가 어디인지 생각할 필요가 있다. 앞의 목록에 '포플러 가로수' '길가의 초록빛', '만리향 나무', '후박나무 잎'이 나오는데, 이런 식물들이 어떤 곳에서 자라는지 모르면 계절을 추측하는 데에도 차이가 생기기 때문이다.

우선 포플러 가로수는 사람이 의도적으로 심은 것이므로, 이 이야기의 무대는 야생의 숲속과 같은 곳은 아니라고 생각할 수 있다. 그리고 만리향 나무는 추운 곳에서는 잘 자라지 못한다는 점, 또 후박나무는 해발고도가 매우 높은 곳에서는 거의 찾을 수 없다는 점을 고려하면 이야기의 무대가 '해발고도가 매우 높거나 기후가 매우 춥다거나 등의 큰 특징이 없고 사람이 살 만한 곳'이라고 생각할 수 있다.

다음은 계절의 검증이다. 목록에 '길가가 선명한 초록빛을 띤다.'가 있는데, '큰 특징이 없고 사람이 살 만한 곳'이라는 전제로 '초록빛'은 평범한 잡초라고 추측할 수 있다. 일반적인 잡초는 9월 말부터 시들어 11월에는 마르기 시작하므로, 계절은 잡초가 아직 싱싱한 봄에서 9월 중순 사이라고 생각할 수 있다.

'만리향 나무는 특히 향기가 강하니까. 염소의 냄새도 가려주지.'라고 되어 있는 부분을 보면, 사실 향기에 대해서는 이것 외에도 검토할 부분이 있다. 가부, 메이와 함께 만리향 나무 그늘에 있던 타푸가 '늑대 냄새가 나는데.'라고 말하는 장면이다. 만리향은 방향제로 쓸 정도로 향이 강한데, 여기서는 늑대 냄새를 가려주지 못한다.

즉 이 이야기 속의 만리향은 향이 그렇게까지 강하지 않은 시기(9월 초순~중순, 또는 11월 이후)의 것으로 생각할 수 있을 것이다.

앞에서 '초록빛'으로 계절을 '봄~9월 중순'으로 좁혔으므로 '11월 이후'라는 선택지는 지우고, '9월 초순~중순'이 유력한 후보다.

그러나 유력한 후보가 곧 정답이라고 단정해서는 안 된다. 여기서 '계절은 9월 초순~중순'이라고 가정한 후 목록의 다른 사항들을 검토하고, 앞뒤가 맞지 않는 부분이 없는지 확인해 본다.

후박나무는 어떨까? 가부는 '커다란 후박나무 잎을 머리에 뒤집어쓰고' 정체를 숨기고 있었으므로, 잎은 상당히 컸을 것이다. 후박나무 잎은 여름에 가장 크고 11월에는 시들어 떨어진다고 하니 '9월 초순~중순'이라는 가설에 어긋나지 않는다.

참고로 이 이야기는 가부와 메이가 폭풍우 치는 밤에 만난 후로 두 번째 만났을 때의 이야기다. '폭풍우'가 만약 태풍이라고 하면 '9월 초순~중순'이라는 가설은 타당해 보이고, 또 태양이 구름 사이로 나왔다 들어갔다 하는 부분에서 '변덕스러운 날씨'를 읽어낸다면 '9월 초순~중순' 설과 모순되지 않는다.

일단 지금은 '9월 초순~중순'이라는 결론을 내렸지만, 이것도 어차피 가설과 해석이며 절대적으로 옳다고는 할 수 없다. 절대적으로 옳다고 할 수 있는 것은 확실한 사실뿐이라는 점을 다시 한번 기억하자.

마치는 글

여기까지 오면서 다양한 문제를 통해 '생각하기'에 대해 더 깊이 생각해 봤습니다. 마지막으로 한 가지, 오랫동안 영어를 가르쳐 온 사람으로서 여러분이 꼭 생각해 보기를 바라는 것이 있습니다. 조금만 더 집중해봅시다.

> 국경의 긴 터널을 빠져나오자, 눈의 고장이었다.
>
> 가와바타 야스나리, 《설국》의 도입부

[문제]
이 문장의 주어는 누구/무엇인가?

해답은 뒤에서 설명하기로 하고, 우선 가와바타의 작품을 많이 번역한 에드워드 G. 사이덴스티커가 이 부분을 영어로 어떻게 번역했는지 살펴보겠습니다.

The train came out of the long tunnel into the snow country.

기차는 긴 터널을 빠져나와 눈의 고장에 다다랐다.

이 문장을 볼 때마다 너무도 훌륭한 번역이어서 감동하게 됩니다. 하지만 낯설게 느끼는 사람들도 있을지 모릅니다. 왜냐하면 일본어 문장과 영어 문장의 주어가 다르기 때문입니다.

영어 문장의 주어는 '기차'(The train)입니다. 기차가 긴 터널을 빠져나오고 그 결과로 기차가 눈의 고장에 다다른 것입니다. 아주 명쾌합니다. 그러면 일본어 원문 '국경의 긴 터널을 빠져나오자, 눈의 고장이었다.'는 어떤가요? 주어인 '~은/는(이/가)'에 해당하는 부분이 없습니다. 그러면 주어는 대체 뭘까요? 무엇이 생략되었을까요?

일본어(한국어도 동일)에서는 여러 가지를 생략하는데, 주어는 전형적으로 생략되는 대상입니다. 더 나아가 주어가 생략되는 것이 아니라 애초에 주어라는 개념이 없다고 주장하는 연구자들도 있습니다.

영어에도 생략은 있습니다. 그러나 영어의 생략과 결정적으로 무엇이 다른가 하면, 영어에서는 원칙적으로 이미 누군가가 말하거나 쓴 것을 반복하게 될 때 생략하지만, 한국어나 일본어에서는 이미 언급되었는지와 무관하게 문맥에 따라 적절히 생략하는 것입니다.

다시 말해 영어에서는 무언가가 생략되어 있어도 그 생략된 내용을 금방 찾아낼 수 있습니다. 하지만 한국어나 일본어는 다릅니다. 무언가가 생략되었다고 해서 그것이 앞에서 언급되었다는 보장은 없으므로, 듣는 쪽이 상상하거나 추측하면서 '빈틈'을 채워야 합니다.

하지만 한국인이나 일본인은 어지간해서는 이러한 빈틈 메우기가 어렵다고 느끼지 않습니다. 오히려 무엇이 생략되었는지, 어떤 빈틈을 메우고 있는지를 의식하는 일조차 드문 듯합니다. 이런 점에서 한국어와 일본어는 듣는 쪽이 빈틈을 메움으로써 의사소통이 성립하는 '수신자 책임 언어'라고 하고, 반면 영어는 말하는 쪽이 모두 표현해야 하는 '발신자 책임 언어'라고 합니다.

그리고 한국어나 일본어를 모국어로 삼는 사람이 '생각' 할 때, 여기에서 함정이 생겨납니다. 일본어나 한국어를 사용하는 사람이 '국경의 긴 터널을 빠져나오자, 눈의 고장 이었다.'라는 문장을 읽고서 '대체 누가, 무엇이 터널을 빠져나왔다는 거야! 왜 이렇게 애매모호해!' 하고 불평하는 일은 없을 것입니다. 생략되어 있어도, 애매해도 대개 신경 쓰지 않기 때문입니다. 다른 시각에서 보면 모호함을 깨닫지 못한 채 자연스럽게 생각이 진행된다는 것입니다.

이제부터 앞의 문제를 해설해 볼까요? '국경의 긴 터널을 빠져나오자, 눈의 고장이었다.'의 주어는 문장의 전반과 후반에서 각각 다릅니다. 전반에 긴 터널을 빠져나온 것은 '기차', 또는 '그 기차에 탄 주인공('시마무라'라는 남자)', 또는 '시마무라를 태운 기차'라고 생각하는 것이 타당합니다.

그러나 후반의 '눈의 고장이었다.'에서는 '기차'나 '시마무라'가 주인공이 될 수 없습니다. '그렇게 해서 다다른 곳이 눈의 고장이었다.'라고 해석하는 것이 타당하고, 주어는 '그렇게 해서 다다른 곳' 등이 될 것입니다(사이덴스티커의 번역에서 주어가 The train으로 통일된 이유는, 우선 '그렇게 해서 다다른 곳'을 굳이 영어로 옮기면 구구절절 세련되지 못하기 때문이고, 또 The train으로 통일해도 의미에 문제가 없기 때문이라고 봅니다).

주어에 대한 설명을 읽고서 '듣고 보니 수긍이 되지만, 지금까지 의식해 본 적은 없네.'라고 생각하는 경우가 많지 않을까 싶습니다. 즉 듣고 보니 그런 것 같긴 하지만, 여태껏 사용한 언어가 애매모호하다고 의식해 본 적이 없었다는 것입니다.

애매한 말에서는 모호한 생각밖에 생겨나지 않는다고 앞에서도 여러 번 이야기했지만, 애매하다는 사실을 알고 있을 때는 그래도 괜찮습니다. 문제는 애매한지 아닌지 의식조차 하지 못할 때입니다.

예를 들어 '~라고 생각된다.'는 표현이 머릿속에 떠올랐다고 합시다. 그런데 누가 생각하는 것일까요? '생각된다'라고 말하는 이상 주어를 일부러 애매하게 만들고 싶은 것일까요? 그 애매하게 만들고 싶은 '누군가'는 누굴까요? 왜 애매하게 만들고 싶은 것일까요? 아니면 그저 특별한 이유 없이 편리할 것 같으니까 '생각된다'라고 말하는 것일까요? '편리할 것 같다.'라고 생각하는 이유는 무엇일까요? 주어를 애매하게 만듦으로써 얻어내고 싶은 것은 무엇일까요?

주어가 누구인지, 주체가 되는 것은 무엇인지를 의식하는 일은 외국인들과의 의사소통에서도 중요하지만, 앞으로 사회에서 필요해질 사고력을 연마하는 데에도 꼭 필요합니다.

주체가 누구인지 잘 모르겠다는 생각이 들면 시험 삼아 영어와 같이 주어가 확실한 외국어로 번역해 봅시다. 문법은 틀려도 좋습니다. '주어는 누구/무엇인가?'라고 확실히 의식하면 사고가 분명히 앞으로 나아갈 것입니다.

그리고 부디 획일적인 사고방식에서 벗어납시다.

우리는 흔히 '우리나라는 뒤처져 있다.'라는 말을 씁니다. '다른 나라는 ○○에 잘 대응하고 있는데, 우리는 뒤처져 있다.'라는 식입니다.

물론 더욱 발전한 쪽의 시각에서 보면 뒤처져 있는 것으로 보이겠지만, 왜 이럴 때 꼭 '뒤처져 있다.'라는 표현만 나오는 것일까요?

국수주의적인 이야기를 하려는 것은 아닙니다. 제가 지적하고자 하는 부분은 '뒤처졌다' 외의 표현은 거의 나오지 않는다는 점입니다. 왜 '다르다'라는 관점은 없는 것일까요? 왜 앞서 있는 지점에서 보기만 하고, 여기까지 왔지만 아직 해야 할 일이 남아 있다는 사고방식은 별로 없는 것일까요? 더 열심히 하자는 사고방식은 나쁘지 않지만, 여기에도 정답은 오직 하나뿐이라는 정답주의가 숨어 있는 것은 아닐는지요?

이 책을 쓰면서 많은 분의 힘을 빌렸습니다. AI에 관해서는 게이오대학 야마구치 고헤이 교수님께 귀중한 가르침을 얻었습니다. 또 제가 가르치는 대학생과 초등학생들에게 많은 아이디어를 얻었습니다. 친구들과 학생들, 이 책에 등장한 이상한 문제들을 함께 풀어줘서 고맙습니다.

우리가 함께 생각한 시간은 제게 무엇과도 바꿀 수 없는 재산입니다.

이 책을 읽어 준 독자 여러분에게도 진심으로 고맙습니다. 여러분도 이 책에 나오는 이상한 문제들을 친구들과 술자리 같은 곳에서 편하게 떠들며 즐겨 주길 바랍니다. 앞에서도 말했듯이 실없는 아이디어에서 생각지도 못한 미래가 탄생할지 모릅니다. 이 책이 새로운 시대의 사고방식에 조금이라도 도움이 된다면 더할 나위 없이 기쁠 것입니다.

가노 미키

하버드
스탠퍼드
생각수업

1판 1쇄 | 2021년 1월 25일
1판 3쇄 | 2022년 9월 26일
지 은 이 | 가노 미키
옮 긴 이 | 이 정 미
발 행 인 | 김 인 태
발 행 처 | 삼호미디어
등   록 | 1993년 10월 12일 제21−494호
주   소 | 서울특별시 서초구 강남대로 545−21 거림빌딩 4층
            www.samhomedia.com
전   화 | (02)544-9456(영업부) / (02)544-9457(편집기획부)
팩   스 | (02)512-3593

ISBN 978−89−7849−632−2 (13300)

이 도서의 국립중앙도서관 출판예정도서목록(CIP)은
서지정보유통지원시스템 홈페이지(http://seoji.nl.go.kr)와
국가자료종합목록 구축시스템(http://kolis−net.nl.go.kr)에서 이용하실 수 있습니다.
(CIP제어번호 : CIP2020054021)